Bailes e danças representados e discursados na Espanha
(1600-1660)

ELLEN ELIZA PEREIRA

Bailes e danças representados e discursados na Espanha
(1600-1660)

CAPES
Programa de Excelência Acadêmica
PROEX

USP
Programa de Pós-Graduação
História Social

edições
LUDENS

São Paulo, 2015

AGRADECIMENTOS

Ao meu orientador, Prof. Dr. Flávio de Campos, por ter me acolhido e confiado em minhas ideias, além do respeito e da integridade com que as tratou.

Ao LUDENS (Núcleo Interdisciplinar de Estudos sobre Futebol e Modalidades Lúdicas) pelos recursos e apoio oferecidos.

À Prof. Dr. Ana Paula Torres Megiani por ter contribuído para meu ingresso na Pós-graduação e para o desenvolvimento de minha pesquisa.

Aos meus pais, Wedson Pereira Filho e Mara Otília Tremiliosi, à minha irmã Egly Eliza Pereira, e à minha sobrinha Maíra Pereira Kanegae.

A todos os meus professores e mestres da arte de dançar e bailar.

Em toda música árabe, dança, canção ou elegia, a chegada do duende é saudada com enérgicos "Alá, Alá!", "Deus, Deus!", tão próximos do "Olé!" dos touros que talvez seja o mesmo; e em todos os cantos do sul da Espanha a aparição do duende é seguida por sinceros gritos de "Viva Deus!", profundo, humano, terno grito de uma comunicação com Deus por meio dos cinco sentidos, graças ao duende que agita a voz e o corpo da bailarina, evasão real e poética deste mundo, tão pura como a conseguida pelo raríssimo poeta do século XVIII Pedro Soto de Rojas através de sete jardins, ou a de João Clímaco por um estremecido acesso de pranto.

Naturalmente, quando essa evasão é alcançada todos sentem seus efeitos: o iniciado, vendo como o estilo vence uma matéria pobre, e o ignorante, no não sei quê (sic) de uma emoção autêntica. Há anos, em um concurso de baile de Jerez de la Frontera, quem ganhou o prêmio foi uma velha de oitenta anos, contra formosas mulheres e meninas com a cintura de água, pelo simples fato de levantar os braços, erguer a cabeça e dar um golpe com o pé sobre o tablado; mas na reunião de musas e de anjos que havia ali, belezas de forma e belezas de sorriso, tinha que ganhar e ganhou aquele duende moribundo que arrastava pelo chão suas asas de facas oxidadas.

Todas as artes são capazes de duende, mas onde ele encontra maior campo, como é natural, é na música, na dança e na poesia falada, já que elas necessitam de um corpo vivo que interprete, porque são formas que nascem e morrem de modo perpétuo e alçam seus contornos sobre um presente exato.

Federico García Lorca,
Teoria e Prática do Duende.

SUMÁRIO

1. Introdução

A Espanha seiscentista tem sido objeto de grande discussão no que se refere a seus bailes e danças, levando autores a formular divisões e classificações entre tais práticas tanto no âmbito social quanto na própria forma. Emílio Cotarelo y Mori[1] é precursor na compilação e análise das práticas, tornando-se base para estudos posteriores, incluindo o mais recente, de Maria Moreno[2], sobre as danças teatrais no século XVII. Ambos os autores distinguem os conceitos baile e dança a partir de argumentos das próprias fontes, em que os bailes são classificados como descompostos, desarmônicos e populares, enquanto as danças são compostas, harmônicas e elitizadas. Apesar de outros autores, citados por Maria Moreno[3], não fazerem essa distinção dos conceitos, seguem essas mesmas ideias morais e hierárquicas para dividir as práticas.

Porém, dentro dessas divisões, há casos em que uma mesma prática pode ser nomeada baile ou dança, tomada por comedida ou descontrolada, e realizada tanto por ordens sociais aristocráticas, como por subalternas, variando tais concepções de acordo com os documentos utilizados. Nesse sentido, observa-se, nas fontes encontradas, que as distinções colocadas fazem parte de ideais que as envolvem; neste caso, a moralização gestual e o ideal cortesão.

Desse modo, o primeiro capítulo trata dessas questões a partir de perspectivas da Igreja, já que é de seus preceitos e valores que se constitue toda a moralização gestual do século XVII, a qual coloca

---

1 Emílio Cotarelo y Mori. *Colección de Entremeses: Loas, Bailes, Jácaras y Mogigangas*: desde fines del siglo XVI á medeados del XVIII. Madrid: Casa Editorial Bailly// Bailliére, 1911, t. I, v.1.

2 Maria José Moreno Muñoz. *Danza Teatral en el Siglo XVII*. Córdoba, 2008. Tese de Doutorado - Departamento de Literatura Espanhola, Universidade de Córdoba; p. 133. Disponível em: <www.uco.es/publicaciones>. Acesso em: 20/10/2010.

3 Ibidem, pp. 95-98.

algumas práticas como honestas e compostas enquanto outras são desonestas e lascivas, além de, por vezes, associadas ao demônio.

A fonte principal é a obra *Dias Geniales o Ludicros*[4], escrita por um membro do clero por volta de 1620[5], que intenta resgatar as origens da antiguidade clássica em práticas lúdicas de sua época, como bailes e danças. Com isso, concentra um grande número de descrições das modalidades lúdicas, dividindo-as em quais seriam honestas ou lascivas em seus gestos, interpretando moralmente escritores da antiguidade para elucidar seus argumentos.

A obra é comparada e dialogada com dois tratados morais: *Los Bienes de el Honesto Trabajo y Daños de la Ociosidad en Ocho Discursos*[6], impresso em 1612, e *Entretenimiento y Juegos Honestos, y Recreaciones Christianas, para que en todo genero de estados se recreen los sentidos sin que se estrague el alma*[7], impresso em 1623. Também escritos por membros eclesiásticos, ambos os tratados buscam normatizar comportamentos socioculturais, em que são inseridos bailes e danças, e assim como a obra *Dias Geniales o Ludicros*, apoiam-se em autores greco-romanos e na teologia para fundamentar seus julgamentos.

Dentre os ideais que endossam os argumentos dessas fontes, há as premissas do "realismo filosófico" da segunda escolástica, que propõem a ação para a conservação natural das coisas; logo, só devem ser realizadas as práticas que conservam a saúde do corpo ou que preparam os homens para a guerra a fim de conservar sua república. Ao mesmo tempo, há a moral gestual de antecedentes medievais que trata da virtude dos gestos, ou seja, as expressões e os gestos são manifestações do interior da alma, devendo, portanto, ser guiados pela virtude, através da temperança, harmonia e compostura de suas formas.

---

4 Rodrigo Caro. *Dias Geniales o Ludicros*. Edición, estúdio preliminar y notas de Jean-Pierre Etienvre, Madrid: Espasa-Calpe, 1978.

5 Segundo estudos do editor. Ibidem, p. XCIX.

6 Pedro de Guzmán. *Los Bienes de el Honesto Trabajo y Daños de la Ociosidad en Ocho Discursos*. Madrid: Emprenta Real, 1614 (Colección Clásicos Tavera: Juegos fiestas y diversiones – textos históricos, CD ROM).

7 Alonso Remón. *Entretenimiento y Juegos Honestos, y Recreaciones Christianas*: para que en todo genero de estados se recreen los sentidos sin que se estrague el alma. Madrid: por la viuda de Alonso Martin, 1623 (Colección Clásicos Tavera: Juegos fiestas y diversiones – textos históricos, CD ROM).

Para a análise das questões teológicas, são inseridas passagens de autores da segunda escolástica[8], como Francisco de Vitória, Luís de Molina e Francisco Suárez. Quanto à moral gestual, principalmente com relação ao feminino, também será analisada através de pinturas, *El Triunfo de Davi*[9], *Salomé con la Cabeza del Bautista*[10] e *Las Vírgenes Locas y las Vírgenes Prudentes*[11].

Ainda, as fontes eclesiásticas também se utilizam do ideal cortesão para hierarquizar as práticas, ou seja, algumas passagens aduzem quais tipos ou como deveriam ser executados por pessoas principais que buscam a boa conduta de um cortesão, ideal que se constrói a partir de manuais de corte, *Galateo ou dos Costumes*[12], *El Cortesano*[13] e *Oráculo Manual y Arte de Prudencia*[14]. Nesse sentido, o ideal cortesão, na Espanha, cria os tipos sociais "discreto" e "vulgar", os quais são utilizados em partes dos discursos eclesiásticos a fim de repreender os leitores, que se veem, ao buscarem o ideal da discrição, comportando-se como "vulgares" ao realizar as práticas tomadas como tal nesses textos.

Destarte, percorrer as trajetórias das construções desses discursos traz as práticas corporais como objeto histórico, pois é por meio delas que serão resgatados costumes, pensamentos, tradições e inovações daquela sociedade, os quais as representam através de suas

---

[8] Clemente Fernandez (org.). *Los Filósofos Escolásticos de los Sigols XVI y XVII.* Madrid: La editoria Catolica, S.A., 1986.

[9] BOCANEGRA, Pedro Atanásio. *El Triunfo de David. Século XVII.* Óleo sobre tela; 56 cm x 81 cm. Museu do Prado. Disponível em: <http://www.oronoz.com/paginas/>. Acesso em: 15/09/2010.

[10] TIZIANO, Vecellio di Gregorio. *Salomé con la Cabeza del Bautista.* Óleo sobre tela, 87 cm x 80 cm. Museu do Prado. Disponível em: http://www.museodelprado.es/coleccion/galeria-on-line/galeria-on-line/obra/salome-con-la-cabeza-del-bautista/?no_cache=1. Acesso em: 21/09/2010.

[11] LIZAERT III, Peeter. *Las Vírgenes Locas y las Vírgenes Prudentes.* Entre finais do XVI e início do XVII. Óleo sobre tela, 73 cm x 105 cm. Museu do Prado. Essa obra foi adquirida pelo Museu já no século XX, e pertencia a Fernández Durán, filho dos Marqueses de Perales. Disponível em: <http://www.museodelprado.es/enciclopedia/>. Acesso em : 23/09/2010.

[12] Giovanni della Casa. *Galateo ou dos Costumes.* Tradução de Edileine Vieira Machado e Alcir Pécora. São Paulo: Martins Fontes, 1999.

[13] Baldassare Castiglione. *El Cortesano.* Traduzido por Ivan Boscan. Madrid, 1574. Disponível em: <http://books.google.com/>. Acesso em: 03/11/2010.

[14] Baltasar Gracián. *Oráculo Manual y Arte de Prudencia.* Huesca, 1647.

articulações. Assim, opta-se por começar com discursos eclesiásticos, porque seus membros eram os professores e educadores daquela sociedade, portanto, responsáveis pelo ensino e difusão de saberes, tradições, costumes e valores.

De tal modo, as conceitualizações de bailes e danças são construídas a partir de elementos da retórica seiscentista, utilizados por ideais teológicos e cortesãos na construção da moral e da hierarquia social das práticas. Ainda, a Igreja tem um papel muito mais complexo nas práticas do que consideram alguns autores que apenas a colocam como a figura que as proíbe e recalca[15], pois a Igreja não as proíbe como um todo, já que, além de não conseguir delimitar concretamente o que deveria ser proibido, onde e para quem, há várias festas religiosas com bailes e danças, inclusive ocorrendo um baile, considerado por ela como demoníaco, dentro de uma igreja. Além disso, toda sua construção sobre as práticas repercute em outros tipos de discursos, como em novelas e comédias que serão tratadas no segundo capítulo.

Seguindo essa mesma linha de análise, o segundo capítulo aborda textos novelísticos e dramáticos, que tratam de danças e bailes, dialogando com os discursos da Igreja. Mas, por não serem escritos necessariamente por membros dessa instituição ou terem que responder a seus dogmas, tais textos também trazem outras perspectivas para as práticas.

No primeiro momento, destaca-se a comédia de Lope de Vega, *El Maestro de Danzar*[16], que aborda as práticas em ambientes mais elitizados. Apesar de a obra reafirmar certos preceitos, como a preponderância das danças nesse meio, assim como a obra de Calderón desse mesmo título[17], também manifesta casos em que há bailes entre as elites. Ainda, as práticas e sua conceitualização quanto ao que é

---

15 Cf. COTARELO Y MORI, op. cit., p. CXC; MORENO, op. cit., pp. 138-140 passim.

16 Lope de Vega. El Maestro de Danzar. In: *Comedias Escogidas de Frey Lope Félix de Vega Carpio.* T.II. Madrid: M. Rivadeneyra, 1855, pp. 71-93. Disponível em <http://books.google.com.br/books>. Acesso em: 03/05/2010.

17 Pedro Calderón de la Barca. El Maestro de Danzar. In: *Tercera Parte de Comedias del Celebre Poeta Español Don Pedro Calderon de la Barca.* Ed. facsímil. Clásicos en la Biblioteca Nacional. Original: Madrid, por Francisco Sanz, 1687. Disponível em: <http://www.cervantesvirtual.com/>. Acesso em: 09/04/2010.

baile ou dança, nessas obras, são comparadas a tratados de danças voltados ao ensino das elites, sendo um francês, *Orchesographie*[18], e outro italiano, *Il Ballarino*[19], duas grandes referências que circulavam em cortes europeias, inclusive na Espanha.

A importância desses tratados de dança se faz, de início, para apresentar a questão das práticas como requisito da formação dos nobres. Torna-se de bom grado saber dançar ou bailar nas festas e saraus da corte, o que também se verifica nas comédias analisadas. Mas também, os tratados são fundamentais para observar que, quanto à conceitualização das práticas, não há tal preocupação, já que no tratado francês todas as práticas são tomadas como danças, enquanto no italiano, elas são colocadas como bailes.

Dessa maneira, eles contribuem para a compreensão de que tais divisões são uma peculiaridade da Espanha. Nesse sentido, também será analisado um tratado espanhol, *Discursos sobre el Arte del Danzado*[20], que reflete algo muito interessante ao explanar a nobreza da arte de dançar. Ao enfatizar as danças, apoiando-se em ideais da Igreja e cortesãos, amalgama em seu repertório de aula às elites tanto as danças, como os bailes, não fazendo diferenciações morais ou sociais entre eles.

Na segunda parte desse capítulo, são tratadas obras em que se mesclam várias ordens sociais e em que, ao se evidenciarem os bailes, estes estão imersos em ambientes ou em situações desaprovados tanto pela moral religiosa, quanto pela cortesã. Assim, são analisadas três novelas de Cervantes, *La Gitanilla*[21], *La Ilustre Fregona*[22] e *El Celoso*

---

[18] Arbeau Thoinot. *Orchesographie.* Published in Langres in 1588 and republished again in 1589, Imprimé par Iehan des Preyz; p. 41 e 45. Disponível em: <http://graner.net/nicolas/arbeau/>; <http://memory.loc.gov/>. Acesso em: 13/10/2010.

[19] Fabritio Caroso. *Il Ballarino.* Venetia, Appresso Francesco Ziletti, 1581. Disponível em: <http://memory.loc.gov/>; <http://www.pbm.com>. Acesso em : 13/10/2010

[20] ESQUIVEL NAVARRO, Juan de. Discursos sobre el Arte del Danzado. Sevilla, 1642. In: BROOKS, Lynn Matluck. *The Art of Dancing in Seventeenth-Century Spain.* Danvers: Rosemont Publishing & Printing Corp, 2003. Disponível em: http://books.google.com.br/books. Acesso em: 15/10/2010.

[21] Miguel de Cervantes. *La Gitanilla* In: ______. *Novelas Ejemplares.* Edição de Harry Sieber. 12. ed. Madrid: Edições Cátedra S.A, 1989, v.1, pp. 59-134.

[22] Idem. *La Ilustre Fregona.* In: Ibidem. Edição de Harry Sieber. 12. ed. Madrid: Edições Cátedra S.A, 1990, v.2, pp. 137-198.

Extremeño[23], nas quais há construções de ambientes festivos caracterizados pela informalidade e envolvidos em conjunturas de burlas e enganos, com pessoas marginalizadas ou imorais, mas, quando se trata de pessoas das elites envolvidas nessas condições, aquelas adquirem tais características depreciativas ou submergem-se nesses contextos devido a acontecimentos externos a elas, como se não fizessem parte de seu meio original.

Nesse sentido, analisa-se o conflito entre os ideais discursivos que, por um lado, permitem a presença dos bailes entre membros das elites, nas obras, em razão das situações mencionadas de burla e engano, como um recalque moral a tais pessoas, mas que, por outro lado, manifestam o interesse do próprio autor e de leitores, de ordens elitistas, sobre os bailes, pois, além dos bailes serem mostrados de forma deleitosa, alegre e festiva em diversas obras, o interesse das elites concebe-se devido à maior probabilidade dos leitores pertencerem a essas camadas sociais, já que a alfabetização e o acesso aos livros eram muito maiores entre tais ordens do que nas subalternas.

Além disso, serão analisadas algumas pinturas expostas no Alcácer, *Baile Campestre ante los Archiduques*[24] e *Danza de Personajes Mitológicos y Aldeanos*[25], as quais, ao representarem bailes de camponeses, já abordam o interesse das elites por essas práticas. Ainda, a primeira pintura representa membros da nobreza assintindo a tais bailes no próprio ambiente camponês.

Diante dessas análises, observa-se que os bailes, ou tal conceito, mais recalcados moral e socialmente quando comparados às danças, estão mais difundidos naquela sociedade do que estas, pois, além de serem vistos e praticados por pessoas principais, nobres, não só por plebeus como mencionam alguns discursos, são os mais presentes em festas religiosas.

Antes de apresentar o terceiro capítulo, vale fazer uma breve explanação de duas categorizações sociais aqui utilizadas para dialogar

---

23 Ibidem, pp. 99-136.

24 Jan Brueghel, o velho. *Baile Campestre ante los Archiduques.* Museu do Prado, Madrid. Óleo sobre tela, 130 cm x 266 cm. Disponível em: <http://www.museodelprado.es/coleccion/>. Acesso em: 05/10/2010.

25 Pedro Pablo Rubens. *Danza de Personajes Mitológicos y Aldeanos.* Disponível em: <http://www.museodelprado.es/coleccion/>. Acesso em: 05/10/2010.

com discursos das fontes que enfatizam a dicotomia entre nobres e plebeus nas práticas, que seriam os termos "elites/ aristocratas" e "subalternos".

O primeiro grupo, "elile/aristocracia", se refere às camadas nobiliárquicas, primeiro à alta nobreza, ligada mais diretamente à realeza, tendo parentesco com esta; em sua maioria, eram os mais ricos e maiores proprietários de terras.

Entre a nobreza, há outrossim, os nobres de títulos, como duques e marqueses, que ocupavam os mais altos cargos públicos, mas também se incluem os grupos inferiores da nobreza, como os *caballeros,* que possuíam algumas propriedades e, por vezes, ocupavam cargos públicos municipais, e, abaixo desses, *os hidalgos*, que também poderiam ocupar cargos públicos menores, mas dificilmente tinham propriedades e rendas abastadas como os anteriores; geralmente sua renda era para sua sobrevivência[26].

Também podem ser incluídas no termo "aristocracia/elite" pessoas que adquiriram o status de nobreza com a compra de títulos e propriedades, passando a viver da renda de suas propriedades e, com isso, conquistando a isenção de tributos, como um nobre de sangue[27].

Apesar das diferenças econômicas entre tais grupos nobiliárquicos, os ideais cavalheirescos, como ter sangue nobre e viver de rendas, que ainda predominavam, sendo valorizados por consequência da Reconquista, tornavam tais grupos, por terem sangue nobre, privilegiados tanto pela legislação (que os isentava de impostos, não permitia prisão por dívidas, tão pouco o sofrimento de tortura – e, geralmente, não havia confisco de seus bens), quanto pelo *status* que os colocava como modelo de conduta a ser seguido[28].

Ter esse *status* era o grande valor social daquele momento, o que fazia a alta burguesia gastar fortunas para comprar títulos de nobreza e terras para conquistar essa posição social[29]. A riqueza podia trazer ascensão social, mas de forma alguma se sobrepunha àqueles ideais, por exemplo, a superioridade de um fidalgo pobre, que andava com

---

26 Mario Margulis. Población y sociedade en la España Imperial. *Estudios Demográficos y urbanos*, Buenos Aires, v. 7, n.1, ene/ abr. 1992, pp. 238-240. Disponível em: <http://aleph.academica.mx/jspui/bitstream/56789/21459/1/07-019-1992-0223.pdf >. Acesso em: 10/02/2012.

27 Loc. Cit.

28 Ibidem, p. 239.

29 Ibidem, p. 234.

seu cavalo e sua espada, mal tendo renda pra sua sobrevivência, com relação a um burguês que enriquecera com o comércio[30].

Dessa forma, as demais ordens sociais subordinadas hierarquicamente às camadas nobres referem-se, como o próprio significado da palavra, aos subalternos, os quais, por não terem sangue nobre ou não conseguirem ascender a esse *status*, não gozavam dos mesmos privilégios citados, mas viviam sob as regras e valores sociais da nobreza que ocupava os cargos públicos, representando a Coroa e articulando seus interesses comuns com essa que, por outro lado, também representava a própria nobreza por fazer parte dessa ordem social, estabelecendo, assim, normas e condutas à sociedade[31]. Dessa forma, nas ordens subalternas, incluem-se todos os outros grupos sociais, com exceção do clero, como burgueses comerciantes e produtores, trabalhadores mecânicos, artesãos, serviçais e criados, campesinos, pícaros e bandoleiros, que seriam os grupos sociais correspondentes aos plebeus[32] citados nas fontes.

Voltando à estrutura deste trabalho, no terceiro capítulo, é analisada a teatralização de bailes e danças, em que também se verifica uma frequência muito maior dos bailes nas peças. Além de serem inseridos e inovados, aparecendo diversos novos tipos, ainda se constituem, como um novo gênero teatral, os bailes dramáticos. Esse novo gênero elabora os gestos a partir de suas letras, possibilitando a ampliação das práticas nos palcos à medida que suas mímicas, movimentos e coreografias são criados e desenvolvidos sem se restringir à mera inserção dos bailes e danças que já existiam e consistiam em movimentos específicos e preconcebidos.

Em 1616 e 1617, encontram-se as primeiras publicações de bailes dramáticos, como os *entremeses cantados* de Quiñones de Benavente[33], e, dentre outros, os bailes *Cavallero de Olmedo*, *Vayle del*

---

30 Ibidem, pp. 234, 237 -239.

31 Ibidem, pp. 238-240.

32 Ibidem, p. 238.

33 Segundo Cotarlo y Mori, alguns foram impressos já em 1616. Cotarelo y Mori, op. cit., p. CLXXXIII. Mas só foram encontrados para a anãlise na seguinte publicação de 1645 que une obras de Quiñones: Don Manuel Antonio de Vargas (ed.). *Joco seria Burlas veras, o Reprehension Moral, y Festiva de los Desordenes Publicos*: en doze entremeses representados, y veinte y quatro cantados. Van insertas seis loas, y seis jacaras. Compuestos por Luis Quiñones de Benavente. Recopilados por Don Manuel Antonio de Vargas. Madrid: por Francisco Garcia, a costa de Manuel Lo-

Duque de Humera e *Vayle de Don Jayme* de uma publicação de Lope de Vega[34], os quais são analisados nesse último capítulo.

As publicações dos bailes dramáticos estendem-se a décadas posteriores, alcançando a segunda metade do século. Assim, três publicações são utilizadas como fontes, *Flor de Sainetes*[35], de 1640, *Ramillete Gracioso*[36] de 1643, e *Tardes Apacibles de Gustoso Entretenimento. Repartidas en varios entremeses, y bailes entremesados*[37], de 1663.

Além dos bailes dramáticos, que ampliam as práticas nos palcos, outros gêneros breves também inserem danças e bailes em suas manifestações, como as *loas*, os *entremeses* e as *mogigangas*. Todos esses gêneros são representados para distintas ordens sociais e em diversos ambientes tanto na primeira quanto na segunda metade do século XVII, o que demonstra a efetivação e o sucesso das práticas na época, contrapondo-se às ideias da Igreja, aqui ventiladas.

Para chegar-se às formas teatralizadas dos bailes e das danças, também são investigados seus antecedentes, havendo, em séculos anteriores, o caráter espetacularizado e também o pagamento aos bailarinos nos *juglares*[38], o que já demonstra uma especialização. Através desse histórico,

---

pez, mercader de libros, 1645. Disponível em: <http://bib.cervantesvirtual.com>. Acesso em: 21/11/2011.

34 Lope de Vega. *El Fenix de España Lope de Vega Carpio*: septima parte de sus comedias, con loas, entremeses y bayles. Madrid: por la viuda de Alonso Martin, a costa de Miguel de Siles, 1617. Disponível em: http://bdh.bne.es. Acesso em: 05/07/2009.

35 Francisco de Navarrete y Riberas. *Flor de Sainetes*. Introduzione, testo critico e nota di A. Gallo. Firenze: Alinea Editrice, 2001. Disponível em: http://books.google.es. Acesso em: 13/07/2010.

36 Sylvestre Esparsa (ed.). *Ramillete Gracioso*: compuesto de entremeses famosos, y bailes entremesados, por diferentes ingenios. Valencia, 1643. Edición digital: Alicante, Biblioteca Virtual Miguel de Cervantes, 2009. Disponível em: http://www.cervantesvirtual.com. Acesso em: 13/07/2009.

37 Andrés García de la Iglesia (ed.). *Tardes Apacibles de Gustoso Entretenimento*: repartidas en varios entremeses, y bailes entremesados. Madrid: a costa de Iuan Martin Merinero..., 1663. Edición digital: Alicante, Biblioteca Virtual Miguel de Cevantes, 2011 Disponível em: http://www.cervantesvirtual.com. Acesso em: 15/05/2011.

38 Ramón Menéndez Pidal: Poesía juglaresca y juglares. Orígenes de las literaturas românicas. Col. Austral, Madrid, 1990, pp. 26, 98 y 143. Apud: Pilar Pérez Viñuales. Firma de Juglares y Tamborinos en las Localiaddes de Epila y La Almunia (Zaragoza) en el Siglo XV. In: ACTAS DEL VII CURSO DE CULTURA MEDIEVAL. Aguilar de Campo (Palencia), setembro de 1995. *Fiesta, Juego y Espetáculo en la*

também se busca compreender o que teria permitido colocar os bailes nos palcos, mais do que as danças, assim como a eleição de seu nome para um gênero dramático. Salienta-se que, desde finais do século XV, há bailes camponeses representados para os nobres, como nas éclogas[39] de Juan de Encina e Lucas Fernández, os quais também são representados ao longo do século XVI em festas religiosas, como nas elaboradas por Ostia e Herrera[40].

Questiona-se, desse modo, por que os bailes, mais reprimidos e desmoralizados, continuam sendo praticados pelas diversas ordens sociais, aparecendo com muito mais frequência nas peças teatrais do que as danças, e, ainda, tal nome é escolhido para o novo gênero dramático, perdurando também na segunda metade do século XVII.

Nesse sentido, apresenta-se a hipótese de que a maior repressão aos bailes, assim como todas as associações depreciativas feitas a eles nos discursos eclesiásticos, seriam recursos da Igreja para seu maior controle sobre as práticas e uma pretensa reforma desses costumes através do que estaria mais difundido naquela sociedade, o baile ou seu conceito.

Além de fontes analisadas que provam essa maior circulçação dos bailes nos variados ambientes sociais, a escolha de seu nome para o gênero dramático dá-se no momento de expansão da comercialização das peças, em que se preparam ou constroem espaços servidos aos espetáculos, tendo os currais como principais expoentes. Isso significa que se deveria agradar ao público pagante, logo, coloca-se outra hipótese de que haveria uma demanda prévia pelos bailes, dado seu histórico analisado.

A periodização entre 1600-1660 é selecionada devido ao contexto da teatralização das práticas, que começa a se intensificar no início do século, consolidando-se ao longo dele e tendo seu auge entre 1640-1660. A teatralização é propulsora das produções dos bailes dramáticos que se iniciam na segunda década, ao mesmo tempo que são impressos os tratados morais da Igreja e escrita a obra de Dom Rodrigo Caro dedicada às práticas lúdicas.

De tal forma, essas produções dramáticas iniciais dos bailes já objetam as práticas construídas nos textos eclesiásticos, confirmando que

---

España Medieval. Madrid: Polifemo, p. 207.

39 Juan de Encina. Egloga de Cristino y Febea; Lucas Fernández, Egloga 1ª. Apud: COTARELO Y MORI, op. cit., p. CLXXIV.

40 Leg., 2ª, Archivo que fué de la Obra y Fábrica de la catedral de Toledo. Apud: COTARELO Y MORI, op. cit., pp. CLXXII-CLXXIV.

se trata de ideais e não de realidades. Finalmente, a extensão até 1660 corrobora, através dos documentos analisados, a requisição e o triunfo dos bailes na espetacularização e comercialização das práticas, contrapondo os ideais manifestados nos textos eclesiásticos.

Portanto, intenta-se contribuir para o debate sobre as classifições de bailes e danças nesse período da sociedade espanhola, trazendo os elementos socioculturais que articulam tais discursos e manifestam diversas e contraditórias opiniões sobre tais práticas, acabando por influenciar os próprios autores que estudam o período. Por tal escolha, não há um enfoque nas descriçãoes das práticas, apesar de haver casos em que são necessárias, pois as práticas apresentam uma enorme variedade, principalmente os bailes, e foram abundantemente descritas por autores que são aqui trazidos à discussão.

2. Perspectivas da Igreja

Na primeira metade do século XVII, a Espanha apresenta produções textuais de cunho eclesiástico que utilizam elementos da retórica seiscentista para normatizar e difundir comportamentos em bailes e danças. Dessas produções, Dom Rodrigo Caro[41], autor dos *Días Geniales o Ludicros,* concentra maior variedade de informações e de relatos em relação aos demais autores[42], embora ele apresente somente as práticas lúdicas que teriam origens na antiguidade clássica.

Nessa medida, a obra do sacerdote Rodrigo aparece como um tratado etimológico dedicado à investigação das origens clássicas presentes nas práticas lúdicas na Espanha de sua época. Por isso, diferencia-se dos outros dois documentos encontrados, *Entretenimiento y Juegos Honestos, y Recreaciones Christianas para que en todo genero de estados se recreen los sentidos sin que se estrague el alma*[43] e *Los Bienes de el Honesto Trabajo y Daños de la Ociosidad en Ocho Discursos*[44], os quais se cons-

41 Dom Rodrigo Caro, formado pela Faculdade de Cânones na Universidade de Osuna, ocupou vários cargos no meio eclesiástico, dentre eles, sacerdote em Utrera, advogado, Juiz ordinário e Consultor do Santo Ofício da Inquisição da cidade de Sevilha, censor de livros; e administrador da diocese da mesma cidade, tornando-se um homem público ao ser conciliador de problemas entre a diocese e o Rei. Rodrigo Caro, op. cit., pp. X-XVIII passim.

42 Frei Alonso Remón, professor de divinas e humanas Letras, Predicador e Cronista geral da Ordem de N.S. de la Merced. Remón, op. cit. pp. 1-3; também conhecido por suas obras de dramaturgia, sendo, por isso, colocado como um personagem de Cervantes, que esconderia seu dom poético devido ao meio eclesiástico de que era parte. Ven Serna. Observaciones sobre el arte de Alonso Remón, dramaturgo lopista. In: *AIH Actas II (1965).* Disponível em: <http://cvc.cervantes.es/>. Acesso em: 29/10/2010. O segundo autor é Pedro de Guzmán, Sacerdote da Companhia de Jesus, foi Consultor e Qualificador do Santo Ofício da Inquisição. Guzmán, op. cit., pp. 3-6 passim.

43 Alonso Remón, op. cit.

44 Pedro de Guzmán, op. cit.

tituem como tratados morais sobre comportamentos sociais, em que se incluem práticas lúdicas como bailes e danças.

Embora a moralidade não seja o principal objetivo dos *Días Geniales o Ludicros*, Dom Rodrigo faz um alerta ao leitor sobre a autoria da obra em seu prólogo, criando para ela um escritor fictício, a quem dá o nome de Juan Caro. Este novo autor, por sua vez, diz não ser pai deste "filho"[45], a quem chama de *niño*, cujo gerador teria se envergonhado do título de pai, "(...) y dio el parto de su ingenio en manos de la crueldad, por no recibir los golpes a que le expuso, y quiso diesen todos sobre el miserable expósito"[46]. Segundo Jean-Pierre Etienvre[47], a atitude de Dom Rodrigo de criar um autor que acolhe a obra, consistiria num jogo literário para Dom Rodrigo assumir sua obra, pois seria ele o autor verdadeiro que abandona seu "filho".

Quando se direciona ao leitor de sua mesma idade, inclinado à maliciosa censura, o autor fictício lhe pede para que trate o "menino abandonado" com piedosa misericórdia[48]. Todavia, ele adverte para não se enganarem com o título *días geniales,* porque a obra não contém curiosidades e coisas de importância, como no livro homônimo de Alexandro[49], já que surge destituída desses elementos na própria palavra *lúdicros* [sic] do título:

> [...] pues su dueño te desengañó con añadir *lúdicros*, que es cosa de burlas y juegos, si bien, hablando verdad, para escribirlos, parece que leyó todo cuanto escribieron griegos y latinos. Y aunque parece que para tan gran menudencia fue superfluidad tanta lección, no lo fue, porque estas cosas muy de camino se adverten y son mayores los fines que de la lección de los autores graves consigue el que los lee con judiciosa atención[50] (grifo do autor).

A metáfora *niño* (menino), recurso retórico de magnitude[51], é

---

45 Rodrigo Caro, op. cit., p. 12.

46 Ibidem.

47 Ibidem, pp. LV-LVI.

48 Ibidem.

49 De acordo com Pierre Etienvre, Alessandro Alessandri, chamado de Alexandre ab Alexandro pelos humanistas, escreveu o livro Genialium Dierum libri VI, publicado em Roma em 1522. Ibidem, p. 12.

50 Ibidem, p. 13.

51 Utiliza-se algum termo que aumenta (valoriza) ou diminui (deprecia) o sentido da metáfora. Aristóteles. *Retórica.* Introdução, tradução e notas de Alberto Bernabé. Primeira edição. Madrid: Allianza Editorial, S.A., 1998; p. 242.

utilizada com intenção depreciativa, desonrando o termo referido, a obra. Abandonada por seu criador (pai), a obra é considerada *gran menudencia* (grande insignificância), sinônimo de *niñería* (insignificante, criancice), palavra que também é utilizada pelo autor para se referir à obra[52].

Devido ao caráter depreciativo da obra, Dom Rodrigo, através de Juan Caro, roga misericórdia ao leitor inclinado à censura, mostrando uma preocupação moral diante dos críticos, "genero [sic] de gente pestilencial"[53]. Por ser integrante do meio eclesiástico, o autor esteve em contato com censores e críticos, tendo exercido tais funções[54], fato que explica o receio e o temor sobre sua obra, uma vez que discursos morais sobre práticas lúdicas, como visto, haviam sido publicados por eclesiásticos e censores.

Rodrigo Caro inicia seu tratado com o seguinte parágrafo em latim, traduzido por Pierre Etienvre:

> Quiero y ruego – sea esto concedido a mi afección – que este niño juguetón y algo atrevido no salga sin permiso y a la ligera de la casa a la cual lo confio y entrego, para irse a otra parte. Séale permitido por las leyes divinas y humanas compartir ahí los juegos de los niños de su edad, así como sus burlas y disparates, pero con el beneplácito de su señor: guarda, incluso en los juegos, toda la moderación que puedas, consigue la licencia de ir de vez en cuando a visitar a un amigo estudioso, amante de Apolo y de las musas o aficionado a la vida regalada, siempre que regreses pronto a casa. Evita a los hombres hoscos, desabridos, malévolos y engreídos. Todos los demás, hazlo con placer, según los preceptos de Señor. Y acaso das un mal paso y tropiezas con los ojos de algún Zoilo acalorado – ¡líbrente de ello todos los dioses y todas las diosas! – acorázate con el epigrama de M. Valerio Marcial, para apartar el malefício[55].

---

52 Rodrigo Caro, op. cit., p. 254.

53 O estudioso da obra Pierre Etienvre faz a observação de que os críticos são chamados por um dos interlocutores dos diálogos de "género de gente pestilencial". Ibidem, p. LIV.

54 Ibidem, p. XIV.

55 "Volo et rogo, sit hoc amori datum, ne puellus hic lusitator audaculus domo cui mando mancipoque injussus quoquam temerarius xeat. Cum coaequalibus ibi colludere, nugari, insanire, ac lubente domino, jus fasque esto: modestian etiam in lusibus, qua potis es, servato; ad amicum studiosum Apollinem et musas amantem geniove indulgentem exiturus, quondoque domuitionem maturam jubetor. Homines tétricos, jejunos, malevolentes, quique se nimium amant, caveto. Caetera ex praexcripto Domini facito lubens. Qudo si forte lapsanti gradu palabundus in uren-

Ao escrever em latim, o autor direciona o parágrafo somente aos estudiosos, intenção que se confirma na oitava linha. Em seguida, pede aos amigos que não deixem esse "menino brincalhão" sair da casa à qual foi entregue, a não ser para visitá-los, mas sempre retornando a ela. Aqui se encontra o receio do autor em publicar sua obra, preferindo mantê-la em resguardo dos amigos, e não entregá-la a homens carrancudos e malevolentes, a quem chama de *zoilo*[56], em referência aos críticos.

Em seu testamento[57], confirma-se o desígnio exposto, pois, de acordo com Etienvre, Caro pede para que o livro seja entregue ao Colégio de S. Alberto da cidade de Sevilla, e que a obra aí permaneça, deixando-a aos leitores interessados.

Por outro lado, o texto escrito em vernáculo teria permitido seu maior acesso e consequente divulgação, já que padres alfabetizavam seus fiéis em sua língua vulgar, para que acompanhassem os sermões da missa, além das recorrentes leituras orais realizadas por grupos, em ambientes públicos[58]. Sobre a língua vulgar de sua obra e seu possível acesso por terceiros, um correspondente de Rodrigo diz:

> [...] y no será menos erudito ni estimado el de juegos de que Vm. me envia índice, en que tiene revuelta toda ta antigüedad con muy acertada aplicación a lo que aora se usa, por esto y por ser de lengua vulgar, que lo gozarán todos, se hará gran benefício a los estudiosos, y mucho gusto a los curiosos de manifestarles lo que tenia sepultado la antigüedad[59].

Nos diálogos sobre os jogos, Caro cria um locutor subalterno, Melchor, que, ao ouvir Dom Fernando proferir uma frase em latim, responde: "– Ya yo veo las orejas al lobo. Ello há de ser latines en juntándose

tis cujusquam Zoili óculos impingas, quod dii deaeque omnes avertant, M. Valerii Martialis epigrammate, fascinum ut amoliatur, circumligatus esto." Ibidem, p. 3-4.

56 Pierre Etienvre faz uma nota sobre esse conceito, que remeteria a crítico malévolo; um conceito que tomou esse significado a partir do gramático grego Zoilo (séc.IV a.c.), um famoso detractor de Homero e Platão. Ibidem, p. 4-5.

57 Ibidem, p. LVII.

58 Dominique Julia. Leituras e Contra-Reforma. In: Roger Chartier, Guglielmo Cavallo (org.). *História da Leitura no Mundo Ocidental.* Trad. Guacira Marcondes Machado. Título original Histoire de la Lecture dans Le Monde Occidental. São Paulo: Editora Ática, 1999; pp. 84-124.

59 Na introdução de Etienvre, o editor comenta sobre uma carta que Rodrigo Caro recebe de Pantoja de Ayala, em resposta ao índice de matérias dessa obra que Rodrigo o envia. Rodrigo Caro, op. cit., p. LXI.

vuestras mercedes. Pero, ¡por Dios!, que tengo yo de hablar en romance y decir el suceso del coche si vuestras mercedes no lo dicen"[60].

Diego e o amigo Dom Pedro não o fizeram. Essas passagens podem aludir ao interesse do autor em divulgar seu texto não só aos estudiosos, mencionados anteriormente, mas também aos curiosos a quem seu correspondente se refere.

No entanto, por maior que fosse sua intenção em divulgar a obra, o autor teve receio em entregá-la à imprensa, decidindo-se por deixá-la com os estudiosos. Apesar de no século XVII já haver várias cópias, sua publicação deu-se somente no século XIX[61].

No parágrafo que enceta o tratado, há outra advertência ao leitor estudioso com relação ao "menino", "[...] guarda, incluso en los juegos, toda la moderacion [sic] que puedas".[62] Aqui se observa que, mesmo tratando de um tema não apreciado pela censura, o autor se preocupa com a moderação nas práticas lúdicas, aproximando-se novamente dos tratados morais de sua época. Porquanto, Pedro de Guzmán recomenda que mesmo os jogos utilizados para boa finalidade e sem elementos desonestos necessitam ser feitos com moderação:

> [...] y puedense ordenar a buen fin el torneo de à pie, el torneo de Cañas, q es juego Troyano, que instituyò [sic] Ascanio, hijo de Eneas, de que haze mencion [sic] Virgilio, y otros muchos escritores [...] Las Sortijas y mascaras, quando no se mezclan cosas deshonestas, ni torpes, las caças, assi las de fieras, de ceteria, y volateria, entran tambien [sic] en esta cuenta, usadas con moderacion [sic][63].

Assim também, Alonso Remón aconselha que entretenimentos e recreações devam ser cristãos e tomados com moderação, de acordo com regras: "[...] que los entretenimientos sean Christianos, y asi parece que auremos cumplido en este capitulo con no passar en silencio el advertir que se tomen estas recreaciones con tal moderacion [sic] [...] y tolerables y moderados los exercícios [sic] dellos."[64]

Além da moderação, Dom Rodrigo usa de mais um respaldo que se aproxima dos tratados de Guzmán e Remón. O autor, nesse sentido,

---

60 Ibidem, p. 24.
61 Um estudo sobre a transmissão do texto foi feito por Etienvre. Ibidem, p. XCIX.
62 Cf. p. 20 do presente trabalho.
63 GUZMÁN op. cit., p. 198.
64 REMÓN, op. cit., pp. 15-16.

argumenta que as práticas lúdicas, de que trata, foram explanadas por autores gregos e latinos e, por isso, o leitor deve considerar de grande proveito. A recorrência aos autores clássicos é um auxílio retórico para apoiar argumentos, no qual se buscam palavras de sábios[65].

Destarte, vale ressaltar que, na época de Dom Rodrigo, os autores da antiguidade clássica são lidos como "autoridades"[66], utilizadas pela hermenêutica seiscentista como "[...] índices analógicos, casos ou *exempla* que prefiguram as realidades figuradas pelos eventos do conceito predicável da Escritura, matéria do sermão, enquanto as amplificam"[67] (grifo do autor).

Na presente obra, o autor denomina tal antiguidade como sagrada[68], e tem a preocupação de tratar somente das práticas lúdicas espanholas de sua época, que tenham essa origem:

> Tiene particular cuidado de confomar los juegos antiguos con los que hoy vemos y dar los nombres modernos a cada uno, diligencia que no hallarás en ningún onomástico; y, finalmente, todos estos juegos están tan encadenados con la antigüedad, que solo esto es suficiente para persuadirte a que no solo este tratado será deleitable, por ser festivo y lúdicro, sino que también te podrá ser util, aficionándote a la sagrada antigüedad, sin la qual todas las artes son imperfectas y sin gusto[69].

Quanto aos tratados morais, ambos recorrem a autores da antiguidade para fundamentar seus argumentos. No discurso do Frei Alonso Remón, a apresentação sobre entretenimentos e recreações já alude, de início, a Cícero e Aristóteles, seguidos de teólogos e Doutores da Igreja, como Santo Ambrósio e São Thomás de Aquino:

> [...] le llamaremos recrearle y entretenerle. Dixolo admirablemete Cicerõ en el Lib. I de sus ofícios, y tambien lo advirtio Aristoteles en el libro quarto de sus Ethicos [...] tambien San Ambrosio toco en esta materia en el livro primero de los Oficios, en el capitulo veynte, y los mas de los Theologos, con Santo Thomas en la Seconda Secundae, en la questión 168. Adonde ponen el entretenimiento y recreaciones honestos, que

65 ARISTÓTELES, op. cit., pp. 132-134 passim.

66 João Adolfo Hansen, op. cit., p. 158.

67 Ibidem, p. 159.

68 Rodrigo Caro, op. cit,. p. 14 e 20.

69 Ibidem, p. 14.

no solo es licito, pero es virtud, debaxo de especie y linage de la virtud, y modestia[70].

De tal forma, no discurso de Pedro de Guzmán, consultor e qualificador dos ofícios da Santa Inquisição, também são apresentadas, no prólogo que faz ao leitor cristão, suas fontes de respaldo que sempre o acompanharão nesses oito discursos, as divinas (sagradas escrituras) e as humanas (autores da antiguidade que eram autoridades do conhecimento, mas não provinham do âmbito sagrado):

> He me holgado se aya ofrecido esta ocasion [sic], de enviar delante este breve tratado, para que sirua como de explorador, ò espia, quiça perdida, y vea se està seguro el campo, en que militã las lenguas, y me trayga nuevas del gusto, que ay desta manera de escrivir, hablando casi siempre por sentencias agenas, Divinas y Humanas, y juntando toda la erudicion [sic], que mi corto saber acerca de cada materia alcança[71].

A antiguidade clássica, além de ser retomada moralmente através de passagens escritas por seus autores, também é recorrida para a própria construção discursiva dos autores eclesiásticos. Nesse sentido, os textos presentes são construídos por recursos retóricos que permitem uma interpretação moral. Essa configuração de discurso, característica de intelectuais ibéricos seiscentistas, resulta de uma releitura, na qual convergem pensamentos agostiniano-tomistas, desenvolvidos a partir de leituras de Platão, via Plotino, e Aristóteles, respectivamente[72].

A segunda escolástica retoma o "realismo filosófico"[73] para questões do século XVII, colocando que a "ordem natural", mundo em que vivemos, pode ser racionalizada e inteligível através da filosofia e do

---

70 REMÓN, op. cit., p. 1.

71 Ibidem, p. 12.

72 José Ramón Alcántara Mejía. *La Escondida Senda:* poetica y hemenéutica en la obra castellana de Fray Luis de León. Ciudad de México: Universidad Iberoamericana, 2003; pp. 38-43. <http://books.google.com>. Acesso em: 21/08/2009.

73 Platão e Aristóteles propõem os conceitos de ordem natural e ordem universal, bases do realismo filosófico que constitui o real nas particularidades. Deste modo, os conceitos que se formulam, a partir da filosofia e da racionalidade, sobre a ordem natural são realidades dessa ordem, os quais são utilizados, por analogia, para acessar a ordem universal, ao contrário dos nominalistas que consideravam tais conceitos apenas formulações nominais da racionalidade humana, e não realidades. Loc. cit.

sistema retórico-poético, para, com isso, acessar por analogia "ordem universal" ou divina. A partir desse preceito, deve-se fazer com que o homem aja semelhantemente ao que se reconhece da "ordem natural", para cumprir sua parte na Providência. Ainda, o ato moral é julgado como bom ou mal de acordo com a "reta razão"[74], a qual seria impressão ou participação da lei eterna que existe em Deus.

Assim, o "realismo filosófico" também é retomado para ideias como a "Razão de Estado"[75], idealizada como um modelo político da "ordem natural", que buscaria o bem comum, traçando leis gerais semelhantes às naturais ("reta razão"), as quais apoiariam o homem a responder aos planos divinos[76]. Também as próprias formas de raciocinar em discursos são feitas por analogia proporcional ao raciocínio divino, já que a razão e o intelecto existentes na mente do homem são, por criação divina, da "ordem natural". Portanto, eles devem ser operados por seus agentes (homem) à semelhança proporcional de Deus: "Todo el razonamiento viene a reducirse a que Dios es causa de las creaturas, no solo en cuanto a su producción o a su hacerse, sino también, en cuanto a su ser o existir, directa y primariamente"[77].

A primeira abordagem de Dom Rodrigo (por Juan Caro) está relacionada à utilidade dos exercícios do corpo para a guerra, como os jogos ginásticos que dão força e agilidade para a milícia, finalidade de grande consideração, cuja perda Jerônimo Mercurial lamentaria: "[...] médico doctísimo, diciendo que por haberse dejado estos ejercicios corporales se han perdido las fuerzas, vigor, destreza de las armas y la sanidad de los cuerpos, y en su lugar se han introducido muchas enfermedades no conocidas ni vistas jamás de los antiguos"[78]. Partindo da premissa de que o corpo, elemento da natureza, segundo os escolásticos citados, é conservado pelos exercícios de guerra, fica, na mesma medida, mantida a ordem natural. De tal modo, Dom Rodrigo constrói seu discurso sobre

74 Luís de Molina. Sobre la Justicia y el Derecho. In: Clemente Fernandez, op. cit., p. 372.

75 João Adolfo Hansen. Razão de Estado. In: Adauto Novaes (org.). *A Crise da Razão*. São Paulo: Companhia das Letras, 1996; pp. 135-138 passim.

76 "Ahora bien: el poder político es de derecho natural; luego procede de Dios, como autor de la naturaleza" (p. 814). Francisco Suárez. Sobre las Leyes. In: Clemente Fernandez, op. cit., p. 604.

77 Francisco Suárez. Disputaciones Metafísicas, op. cit., p. 604.

78 Rodrigo Caro, op. cit., p. 13.

os exercícios, pautando-se nessa moral cristã, que age de acordo com a ordem natural e sua conservação.

A própria guerra também se insere nessa moralidade, pois é lícita aos cristãos e pode ser declarada por eles se for por defesa ou para exigir reparação das injúrias, com o intento de conservar a república. Francisco de Vitória escreve essas ideias citando Santo Agostinho e Aristóteles:

> [...] el fin de la guerra es la paz y la seguridad de la república, como dice San Augustín en el libro *De verbis Domini* y en la epístola *Ad Bonifacium*. Lo cual se prueba, porque, como Aristóteles dice en el libro tercero de los *Políticos*, la república debe de bastarse a sí mesma, y no podría conservar suficientemente el bien público y su proprio estado, si no pudiese vengar las injurias e infundir respecto a sus inimigos[79] (grifos do autor).

No mesmo sentido, Remón glosa sobre a importância dada aos entretenimentos e recreações voltados ao preparo militar, pela lei e por doutores dessa faculdade, "[...] es la milícia o arte de la guerra nobilíssima, tanto que las leis le dan aventajado lugar, entre las demas artes y exercícios nobles [...] ya aun ventilan los Doctores desta facultad esta question, si las armas han de ser preferidas a las ciências [...]"[80]. Guzmán já ressalta a crueldade de alguns jogos romanos voltados ao preparo físico para a milícia, mas concorda com as boas finalidades desses jogos quando não há derramamento de sangue[81].

As composições desses discursos, portanto, apresentam elementos comuns que levam os autores a articularem sentenças sobre práticas lúdicas de formas semelhantes, o que não significa que seus discursos sejam iguais, pois os elementos que os compõem, como a retórica e a teologia que os interpreta, "[...] não são sua causa, ou seu 'contexto', prévio e exterior, mas sua mesma articulação prática em usos diferenciados [...] O discurso não reflete, pois não é espelho, mas prática contemporânea de seu próprio tempo"[82].

---

79 Francisco de Vitória. De los Indios II. In: Clemente Fernandez, op. cit., pp. 218 e 221.

80 REMÓN, op. cit., p. 64.

81 GUZMÁN, op. cit., p. 196.

82 João Adolfo Hansen. Práticas Letradas Seiscentistas. In: *Discurso.* Revista do Departamento de Filosofia da USP, n. 25, 1995; publicação anual. p. 156.

Desse modo, apesar de todas as advertências e receios quanto ao lúdico, Dom Rodrigo considera que tais práticas podem servir como diversão, inclusive, quando apenas são investigadas[83], "[...] entre los estúdios más sérios y para mayores fines se divirtió un poco el ánimo"[84]. Para o autor, jogos também podem tornar a aprendizagem dos meninos mais amena, como já teriam prevenido doutos autores, "[...] Platão, Plutarco, Seneca, Quintiliano, Ausonio, San Jerónimo y otros varones doctíssimos, que la enseñanza en esta tierna edad fuese de manera templada que los niños aprendiesen jugando y jugasen aprendiendo"[85].

Distintamente de Caro, Guzmán argumenta que os jogos e outros vãos entretenimentos são efeitos do vício da ociosidade: "Es tambien el juego, y qualquier outro van entretenimiento hijo legítimo de la ociosidad, y de la falta de honesta ocupación"[86]. Partindo da premissa socrática de que o ocioso é aquele que ocupa mal seu tempo[87], logo, quem se dedica a tais práticas se esquece das tarefas e obrigações naturais, ocupando-se de "[...] tãtos males, y pérdidas espirituales y corporales"[88]. Destarte, os jogos não fazem parte da ordem natural, pois a natureza divina deu o trabalho ao homem, o qual teve de se sustentar com seu suor depois do pecado original[89], "[...] quan próprio y conatural sea al hombre el trabajar, y quã agena la ociosidad"[90].

Já a obra de Alonso Remón tem o objetivo de advertir o leitor sobre a diferença entre as práticas honestas e as ilícitas. As primeiras não apenas são lícitas, mas também virtuosas, "[...] pero es virtud, debaxo de especie y linage de la virtud, de la modestia"[91]. Tais práticas são chamadas pelo autor de recreações e entretenimentos honestos, "[...] dirigidos a recreacion y no a ganância [...] q entretegã y no distraygã"[92].

83 Rodrigo Caro, op. cit., p. 173.

84 Ibidem, p. 258.

85 Cita Quintiliano: "Nam in primis cavere oportebit ne studia, qui amare nondum potest, oderit et amaritudinem semel preceptam ultra rudes annos reformidet. Lusus hic sit et laudetur et rogetur." De Institutione Oratoria, I, I, 20. Apud: Ibidem, p. 10.

86 GUZMÁN, op. cit., p. 189.

87 Ibidem, p. 192.

88 Ibidem, p. 189.

89 Ibidem, pp. 2-3.

90 Ibidem, p. 4.

91 REMÓN, op. cit., p. 1.

92 Ibidem, p. 2.

Quanto às ilícitas, devem ser reconhecidas por quatro causas escritas pelo Padre Gregório de Valencia que, em suas obras escolásticas, trata sobre o assunto referindo-se a doutos como São Tomás, Medina e Navarro:

> Dize que el juego es ilícito, no bueno, el entretenimiento, y recreación, quando la materia dellos es obscena, torpe, o idolatrica, indigna de la Religion Christiana, [...] la segunda circunstancia, es por razon [sic] del escandalo [...] cosa de burla [...] alli no se faca sino a incitar, o a aprender vicios. La tercera [...] es si [...] se mezclan cosas divinas a profanas, o se profanan las divinas. La quarta circunstancia es la del fin que se lleva en el tal entretenimiento[93].

O autor, dessa maneira, não se opõe a todos os jogos, como Guzmán, que os considera efeitos do vício da ociosidade, mas distingue os que podem ser virtuosos e licitamente praticados, separando-os daqueles que incitam vícios. Ao fazer tal distinção, busca a finalidade da virtude e não apenas uma diversão, como Rodrigo Caro.

Portanto, vale ressaltar que, mesmo apresentando componentes discursivos comuns, nossos autores partem de diferentes premissas para argumentar sobre as práticas lúdicas, formulando sentenças ora convergentes ora divergentes. Assim, analisar essas nuanças dos discursos contribui para o estudo das representações[94] construídas neles sobre bailes e danças, já que essas atividades, inseridas nas práticas lúdicas desses textos, surgem, por seus discursos, através de ideais que podem ser institucionais, sociais, pessoais, etc., além de possuírem intenções e caráter de repercussão (a quem se dirigem e o que pretendem causar com o que dizem). Tendo em vista esses elementos comuns e, simultaneamente,

---

93 Ibidem, p. 3.

94 A base para tal estudo é a história cultural de Chartier, a qual é levada a repensar as estruturas do mundo social, historicamente produzidas por suas práticas articuladas (sociais, discursivas, políticas) que não têm um sentido único, mas pluralmente e contraditoriamente dão sentido ao mundo, como as práticas discursivas que produzem distanciamentos, divisões e ordenamentos. Nesse sentido, Chartier argumenta seu conceito de apropriação cultural, como formas diferenciadas de interpretação, que podem ter suas determinações sociais, mas não se reduzem a essas. Roger Chartier. *A História Cultural: entre práticas e representações.* Tradução de Maria Manuela Galhardo, 2ª edição. Lisboa: DIFEL, 2002; pp. 19-28 passim.

diferentes formulações nos discursos sobre as práticas lúdicas, será feita a análise sobre bailes e danças, tema central da pesquisa.

A prioridade dada a essa abordagem eclesiástica tem o objetivo de mostrar uma atuação de membros da Igreja e suas possíveis repercussões nas práticas de bailes e danças, através de suas representações e de seus direcionamentos a grupos sociais nos discursos, pois a religiosidade estaria presente nas atitudes cotidianas da população[95].

As representações articuladas nesse ambiente social podem ter se propagado a outros grupos, já que os eclesiásticos eram intelectuais, professores dos centros de ensino e alfabetizadores, além de contribuírem na política através do ideal da "Razão de Estado", podendo esses discursos, escritos em romance, terem circulado em locais de aprendizagem para as elites[96]. Há, ainda, a possibilidade de esses discursos chegarem a grupos sociais que, apesar de não frequentarem universidades e centros de aprendizagem, teriam acesso a eles de outras maneiras, como, por exemplo, através da alfabetização pelo vernáculo ensinada por padres a subalternos[97], e por leituras orais em ambientes públicos como já citado[98].

Contudo, a circulação de uma mesma ideia pode causar distintas apropriações pelos leitores e, por consequência, repercussões variadas. Por isso, serão analisadas, neste trabalho, as formas como os discursos sobre bailes e danças puderam ser lidos em seu meio difusor, os sujeitos leitores e como sua forma e conteúdo podem ter sido direcionados e assimilados por grupos sociais e culturais diversos.

---

95 Antonio Domínguez Ortiz. El Antiguo Régimen: Los Reyes Católicos y Los Austrias. In: *Historia de España.* Dirigida por Miguel Artola. Madrid: Alianza Editorial, 2006, v. 3, pp. 142-143.

96 Formadas por um ensino católico, fazendo parte da "grande tradição" que seria a cultura passada nas universidades e liceus. Peter Burke. *Cultura Popular na Idade Moderna.* Traduzido do original Popular Culture in Early Modern Europe por Denise Bottmann. São Paulo: Companhia das Letras, 1989, pp. 54-56.

97 Com exceção dos Evangelhos cantados na missa, mas desde que acompanhados por um sermão para edificar os fiéis. Dominique Julia, op. cit., pp. 84-85.

98 Ibidem.

2.1. A moralidade dos gestos e a hierarquização social das práticas

> *Diante do Senhor, que me escolheu preferindo-me a teu pai, e a toda sua casa, e que me mandou que fosse eu o condutor do povo do Senhor em Israel, não só bailarei, mas também me farei mais vil do que me tenho feito: e serei humilde em meus olhos: e com isto aparecerei com mais glória diante das escravas de que falaste*[99].

Nos *Días Geniales o Lúdicros*, o diálogo sobre a saltação inicia nosso tema central. A saltação compreende bailes, danças ou tripúdios, distinguindo-se dos saltos que são arrojamentos do corpo para cima ou à distância:

> [...] dice San Isidoro: *Saltus quase exilire in altum, est enin saltus altius exilire vel longius.* Es una jactación o arrojamiento del cuerpo en alto o largo. La saltación es un tripudio, baile o danza a compás, de la cual habló Cicerón, diciendo que era el fin de muchos regocijos: *Multarum deliciarum comes est extrema saltatio*[100] (grifos do autor).

O autor define que essa prática fora feita de duas maneiras na antiguidade, "[...] una, honesta y útil para el ejercicio del cuerpo, y outra, deshonesta y lasciva"[101]. As danças honestas foram comparadas, por Luciano[102], aos orbes celestes, pois, assim como estes se movem em número e harmonia, as danças também o fazem no compasso, dando alegria e gosto a quem as observa, constituindo-se, nessa releitura seiscentista, em uma analogia à ordem natural. No entanto, ao citar Silio Itálico[103], Dom Fernando (interlocutor) comenta que teria gosto sagrado e profano esse honesto entretenimento, do qual foram tão amigos os espanhóis,

---

99 Resposta de Davi a Micol, filha de Saul, à repreensão que essa lhe faz ao vê-lo bailando e despindo-se diante do Senhor, dos vassalos e das escravas. Livro II – Samuel 6: 12-22. In: BÍBLIA. Tradução portuguesa da Vulgata Latina pelo Padre Antônio Pereira de Figueiredo. São Paulo: Editora Rideel, 1997; pp. 302-303.

100 Rodrigo Caro, op. cit., p. 82

101 Ibidem, p. 88.

102 Luciano. De Saltatione, 7, diálogo XXXIII. Apud: ibidem, p. 89.

103 "Nunc pedis alterno percussa verbere terra. Ad numerum resonans gaudentem plaudere caetras haec requies ludusque viris ea sacra voluptas." De bello púnico libri XVII, lib. III, 347-349. Apud: ibidem.

o que vai contra o preceito de Alonso Remón sobre não mesclar coisas divinas a profanas em práticas virtuosas.

Em seguida, o bélico é retomado por Caro na *saltación pírrica*, dança que simulava batalhas com uma esgrima ao compasso, na qual também se festejavam os deuses, segundo Ateneu[104]. Com isso, argumenta que este baile, possivelmente, foi apropriado, pelos espanhóis, dos muitos gregos que povoaram a Espanha, "Muévemo a creerlo así, porque no sólo usaron de las mismas danzas los griegos que acá vemos imitadas, pero también la voz *baile* y *bailar* es griega, del verbo *ballizo*, y de tiempo muy antiguo usada en España"[105].

A partir dessa explanação, Dom Fernando faz um histórico desse entretenimento que, inventado pelos curetes, como disse Estrabão[106], vieram desde a Grécia, assentando-se na costa de Gibraltar e Tarifa, segundo Trogo Pompeo[107], deixando semelhanças dessa prática em vários povos:

> [...] en los regocijos y concites, dice Estrabón en el 3 de su Geographia que danzaban al son de la trompeta militar los lusitanos, y las mujeres de Baza y Guadix y otros pueblos de aquella región que se llamó Bastetania; [...] y este género de baile es el mismo que de las mujeres espartanas escribe el dicho autor[108].

---

104 "Erat quasi armorum instructio (...) Qui recte scivere choris decorare deos, hi optimi et in bello." Dipnosofista, lib. XIV, cap. 12, titulado: De saltationibus corumque figures. Apud: Ibidem, p. 89.

105 "En el concilio 2° bracarense: 'Si quis ballationes ante acclesias Sanctorum fecerit, seu faciem suam transformaverit in habitu muliebri.' Y en el 3° concilio toledano se les llama 'Ballimachiae: Quod Ballimachiae et turpes cantici prohibendi sunt a Sanctorum solemniis'." Ibidem, pp. 89-90.

106 "Credibile est armiferam illam saltationem ab eis introductam, prius qui muliebri vestitu comati et stolati Curetes vocarentur, ut fortiores in re militare caeteris evaderent, et versatam inde arms vitam haberent." Estrabón. Rerum geographicarum libri XVII, lib. X, 3, Curetes. Apud: ibidem.

107 "Saltus vero tartesiorum in quibus Titanas bellem adversus deos gesissi proditur incolvere Curetes." Juniani Justini. Epitoma histotiarum philippicarum Pompei Trogi, lib. XLIV, 4, I. Apud: Ibidem.

108 Inter potandum ad tibiam saltabant, et ad tubam choreas ducunt interim insilientes et poplitibus inflexis rectum corpus demittentes. In Bastetania id etiam mulieres faciunt uma alteram manu tenentes. (...) Exilione utebantur Lacernae mulieres ad nates saltando quae retro flexis cruribus ita saltabant, ut calcibus nates attingerent quandoque cruribus alternatim inflexis quandoque utrisque uno et eodem tempore." Estrabón, op. cit., lib.III, 3, Lusitania. Apud: ibidem, p. 91.

Por conseguinte, conclui que não há dança de sua época que não se deriva daquele antigo século, "[...] el bailar dejándose caer sobre las asentaderas, cruzando y sacando las piernas con mucha destreza, no hay danza nuestra en que hoy no lo veamos derivado de aquel antiquíssimo siglo"[109].

Assim dizendo, associa a saltação pírrica a um jogo de sua época chamado *ande la rueda*, "[...] juntánse muchos muchachos asidos de las manos en rueda, y outro anda suelto fuera; y todos ellos andan velocísimamente alrededor, bailando y tirando coces al que anda fuera, lo que dice uno y responden todos es lo siguinte: 'ande la rueda y coces en ella'"[110], e relaciona esse jogo de roda a outro descrito na Ilíada: "Allí las hermosísimas doncellas/ y mancebos danzaban con pies diestros/ velocísimamente a la redonda,/ como cuando el ollero con las manos/ prueba la rueda a ver si está corriente"[111]. Tal jogo também é tratado por Ateneo[112], que o julga como heróico por imitar o sol em sua esfera, e por Aristófanes na comédia *As Vispas*[113]. Assim, prossegue nesse mesmo gênero de dança, mencionando outro de sua época, *Juan de las cadenas*, "[...] se engastan y encadenan los muchachos y pasan a la redonda [...]"[114], e buscando-o em Lucrécio, "quos memorant Phrygios, inter se forte catenas ludunt"[115].

Embora Dom Rodrigo se refira a esse entretenimento honesto ora como baile, ora como dança, na sequência de sua narrativa, diferencia moralmente esses conceitos:

> Pero ya es tiempo que pasemos al otro género de saltación lasciva y desonesta, y ojalá en ella no halláramos tantos ejemplos antiguos y

109 Ibidem, p. 92.

110 Loc. cit.

111 "Ib quidem adolescentes/ et virgines formosissimae/ hi quandoque cursitabant doctis pedibus/ agiliter admodum sicut cumquis rotam aptam/ manibus sedéns figulus tentaverit si currat." Homeri quae extant omnia (...) cum latina versione (...) Spondani, Basilea, 1583; pág. 343. Apud: ibidem, p. 92.

112 "Aliae sunt saltationes apud Homerum, quae cybesteres vocantur, aliae per spheram quam solem circumvolventem inter heroicas inducit" Ateneo, op. cit., lib. I, cap. 8, De ludo pilae et variis saltatinibus. Apud: ibidem.

113 "Caridum ite fratres/ citus pedes movete in Orbem/ Tum recalcitrans quis/ in schema eat, accinens/ miretur ut theatrum." Aristófanes, Vespae, in fine, chorus, 1518-1522. Apud: ibidem.

114 Ibidem, p. 95.

115 De natura rerum, II, pp. 630-631. Apud: ibidem.

modernos en nuestra tierra. Bástenos saber que los bailes de las mozuelas gaditanas fueron muy célebres en el mundo, llamándoles bailes, a diferencia de danzas, porque danza entendemos acá comúnmente a la honesta saltación, y danzas llamamos también a las que en las fiestas del *Corpus Christi* en todas las ciudades de España se usan, con rico aderezo y adorno de vestidos, en que se representan algunas historias a imitación de las que Luciano refiere [...] Digo que los antigos griegos y romanos tenían unos géneros de danzas en las cuales el que danzava, con los movimientos del cuerpo y gesticulaciones, iba representando toda una historia sin hablar palavra, pero con tales movimientos y acciones, que expresaba todas las acciones alegres o tristes de aquella fábula o historia: a éstos llamaron los antiguos pantomimos [...] Mas volviendo a nuestro baile, digo que la diferencia entre la danza y él es que en la danza las gesticulaciones y meneos son honestos y varoniles, y en bailes son lascivos y descompuestos [...]"[116] (grifos do autor).

Todavia, ao comparar essas pantomimas antigas às de sua época, o autor menciona que as espanholas são dançadas e bailadas, não diferenciando esses atos, "[...] algo de eso hemos visto este año en los teatros y coliseos de Sevilla, con sola una diferencia, que el músico que toaba la vigüela iba cantando la historia, y el bailarín danzando las piezas de él: así se bailo el *Caballero de Olmedo* y la *Fábula de Píramo y Tisbe*, y a esta traza otras"[117] (grifo do autor). Ainda, volta a unir os conceitos baile e dança nas práticas desonestas, "[...] estas danzas o bailes lascivos y deshonestos eran también pírricos por la destreza y agilidad de su movimiento, y usaban de él en las fiestas de Baco, fundador de nuestra vecina Lebrija [...] por unos versos de Silio Itálico"[118]. Supõe, nesse sentido, a extensão desses bailes em sua terra, "[...] y digo esto porque yo tengo en mi casa una efigie de estas ménades, de muy buen mármol, coronada de yedra y suelto el cabello"[119]. Com isso, dispõe-se a depreciar bailes de sua época:

116 Ibidem, p. 96-98.

117 Ibidem, p. 97.

118 "Tempore quo Bacchus populus domitabat Iberos/ concutiens thyrso atque armata Maenade Calpen/ lascivo genitus Satyro nymphaque Myrice." De bello púnico libri XVII, lib. III, 101-103. Apud: ibidem, pp. 99-100.

119 Ibidem, p. 101.

> Estos lascivos bailes parece que el demonio los ha sacado del infierno, y lo que aun en la republica de los gentiles no se pudo sufrir por insolente, se mira con aplauso y gusto de los cristianos, no sintiendo el estrago de las costumbres y las lascivias y deshonestidades que suavemente bebe la juventud con ponzoña dulce, que por lo menos mata al alma; y no sólo un baile, pero tantos, que ya parece que faltan nombres y sobran deshonestidades: tal fue la *zarabanda*, la *chacona*, la *carretería*, la *japona*, *Juan Redondo*, *rastrojo*, *gorrona*, *pipirronda*, *guriguirigai* y outra gran tropa de este género, que los ministros de la ociosidad, musicos, poetas y representantes inventan cada dia sin castigo[120] (grifos do autor).

De início, a aproximação que Dom Rodrigo faz dos bailes ao demônio, como tirados do inferno, é um extremo recurso depreciativo, já que o demônio está em oposição a Deus e à sua reta razão; logo, os bailes não são análogos à ordem divina.

Do mesmo modo, ao advertir sobre comportamentos de príncipes e reis, Alonso Remón desaconselha bailes e danças por sua descompostura e loucura, "[...] porq aquel modo de movimientos de la dança, y bayle, aunq mas los apadrines, y disimules el son de la música, mucho tienen de descompostura [...] el dançar, y baylar movimientos son de locura, y locos"[121]. A loucura expressada na passagem também é oposta à reta razão, pois, na premissa aristotélica[122], o louco não possui discernimento.

Ambos os autores recorrem, assim, ao temor como recurso retórico [123] que provocaria semelhante sensação no leitor que se reconhecesse como praticante de atos não pertinentes à ordem divina, fazendo-o recear por sua salvação, já que, na retórica aristotélica, o temor no discurso só faria sentido se houvesse esperança de salvação[124].

Essa advertência ao leitor, possivelmente, busca reformar costumes daquela sociedade e de seu próprio meio eclesiástico, pois, num relato do Príncipe Cosme, *Viaje por España y Portugal (1666-1668)*[125], a *chacona*,

---

120 Rodrigo Caro, op. cit; pp. 103-104.

121 Alonso Remón, op. cit., p. 42.

122 Aristóteles, op. cit., p. 105

123 Ibidem, pp. 157-159.

124 Ibidem.

125 Cosme de Médicis. *Viaje por España y Portugal (1666-1668)*. Edição e notas por Angel Sanchez Rivero y Angela Murietti de Sanchez Rivero. Madrid: Sucesores de Rivadeneyra, S.A.

baile comparado a algo vindo do inferno, por Dom Rodrigo, é descrita por Cosme como sendo bailada numa igreja, ao final da missa:

> Finita la messa cantata comparve a pie de gradini dell'altare un ballerino che aveva più tosto aria di villano vestido d'un drappo bianco, e mavi con calzoni alla spagnola, e camiciola de maschera, il quale fatta reverenza all'altare, e tiratosi dal corno dell' Evangelio, messo il suo capello in testa cominciò una lunga ciaccona tutta atteggiata di scorci; e mutanze ridicole accompagnate da un concerto di cembalo, chitarra spagnuola, e violino, i quali anche durante la messa, s'intesero spesse volte intramezzatti coll' organo[126].

Semelhante à ideia de Dom Rodrigo Caro, Pedro de Guzmán associa a dança, na forma de "Satyro", ao demônio:

> *Los vellosos dançaran alli*, dize Isayas, y por ventura habla destos corros, y danças en forma como de Satyros [...] Sin duda es un ocioso exercicio este, de que gusta el demonio por las muchas ganãcias, que suele façar del. El baylador estiende los braços y ponelos in cruz: pero es para bolber à poner en ella à Jesus Christo nuestro Señor, que como los pecados son los que crucificaron à Christo, y en los bayles ay tantos, buelven los bayladores à crucificar en si mismos à Christo nuestro Señor, como dize San Pablo sobre unos pecadores[...][127] (grifos do autor).

Nessa passagem, os próprios gestos de cruzar os braços metaforizam uma nova crucificação de Cristo, o que o autor conclui não por provar tal intenção dos bailarinos, mas por haver pecados nos bailes, pois São Paulo teria dito que os pecados crucificaram Cristo.

Todavia, distintamente de Dom Rodrigo, Guzmán não diferencia os conceitos "baile" e "dança", argumentando que ambas as práticas são mencionadas como jogos na escritura divina, pois também nascem da ociosidade: "Estas son danças y bayles que en la escritura divina tãbien

---

126 Ibidem, p. 203. Tradução de parte dessa passagem pela editora da obra: "... un bailarín, bastante vulgar, vestido de blanco y malva, después de hacer una reverenza al altar y pasado al lado do Evangelio, con el sombrero, puesto, empezó a bailar la "ciaccona", pero de um modo vulgar, con acompañamiento de guitarra, címbalos y violín." Ibidem, pp. XIX-XX.

127 Pilosi Saltabunt ibi. & respondebunt vlula in adibus suis, Syrenes in delubris volupatatis. Isai. 13. n.21. Rursum crucifigentes sibimetipSisfiliumDei. Hebr. 6. 6. Apud: Pedro de Guzmán, op. cit., p. 357.

se llamã juegos, y nacen tãbien de la ociosidad [...] Respondiola David, *Viue el Señor, que he de jugar delante del Señor, que me eligio y no a tu padre* por Rey de Israel [...] Alli jugar es baylar"[128] (grifos do autor). Também alude às escrituras sagradas com o objetivo de explanar que bailes devem ser usados com moderação e em circunstâncias propícias para serem honestos e louváveis, caso contrário, recebem castigos divinos:

> *El pueblo* de Dios *sentòse* à *comer, y bever, y levantòse à jugar,* ò baylar delante del Idolo, que en ausencia de su Capitã Moisen avia hecho, y de lo que el Santo Moisés, con ser tan manso, se enojò harto. De suerte que el bayle de David fue gratissimo à Dios, y el del pueblo lo ofendio. Bayles ay que usados con la moderacion [sic], y cirunstancias devidas, son buenos, honestos y loables[129] [...] Los estraños sucesos, y grandes castigos de Dios nuestro Señor, hechos en bayladores y bayladoras nos deven espantar: y el primero sea el que amenaçò, y cumplio en su pueblo, porque se dio à este vicio, *Porque diste castañetas con la manos, y heriste el suelo con el pie, y te regozijaste de todo tu coraçon, yo estendere mis manos sobre ti,* como tu contra mi las estendiste, *y te destruyrè*[130] (grifos do autor).

No exemplo retirado da bíblia sobre o castigo de Deus dado a bailarinos, Guzmán omite que o povo seria castigado por se alegrar, aplaudindo e batendo os pés, ao ver os males da terra de Israel [131], e não por estarem bailando.

Retoma, ainda, textos gregos antigos para argumentar sobre que tipos de bailes e danças teriam boa finalidade ou não, mas sem diferenciar tais conceitos. Primeiro, associa-os às guerras e à conservação da saúde:

> Quiçà era esta aquella dança ò bayle, que llamavã Pyrrhicio, que era un ensaye de guerra, aquien dio principio ò invento Pyrrho hijo de Achiles, y aquien, por la destreza en este exercício, los Athenienses eligieron

128 Ibidem, p. 352.
129 Ibidem.
130 Ibidem, p. 359.
131 "Pelo motivo de teres aplaudido com as mãos, e batido com os pés, e de te haveres alegrado de todo o teu coração à vista dos males da terra de Israel; por isso eis aí vou eu a estender sobre ti a minha mão, e te entregarei ao saque das gentes..." Ezequiel; 25 – Oráculo Contra as Nações. In: BÍBLIA. Tradução portuguesa da Vulgata Latina pelo Padre Antônio Pereira de Figueiredo. São Paulo: Editora Rideel, 1997; p. 890.

> por su Emperador. Dançavan armados, y con unos broqueles y puñales, daçandose ciertos golpes a compás, como lo pinta en su Iliada Homero[132] [...] Por esto (dize) dançava Socrates, como cuenta del Xenophontes, por conservar la salud. [...] *Los que saben bien honrar à los deuses con bayles*, dixo Socrates, *estos son tãbien buenos para la guerra*[133] (grifos do autor).

A guerra e a conservação da saúde mantêm a ordem divina, pois a primeira protege a república, que se assemelha ao governo divino, enquanto a segunda conserva a própria criação divina, o corpo. Nada obastante, Guzmán reprova determinados tipos de danças e bailes, apoiando-se em Platão: "Platon condena a los bayles, y mandandole una vez Dionisio dançasse en un combite vestido de púrpura, se escuso, con dezir era cosa indigna de un varon"[134].

Como Guzmán, Alonso Remón coloca bailes e danças dentro de uma mesma caracterização: "[...] porq aquel modo de movimientos de la dança, y bayle, aunq mas los apadrines, y dissimule el son de la musica, mucho tienen de descompostura para las personas tan compuestas, mucho desdizen de la autoridad de personas tan autorizadas"[135]. Porém, mais à frente, recomenda o dançar a príncipes e nobres, pois o bailar é mais plebeu[136].

Em sua distinção entre as práticas, difere-se da proposta dos *Días Geniales,* pois, enquanto Caro os distingue pelos gestos, compostos e varonis das danças contra os descompostos e lascivos dos bailes, Remón, considerando que ambos podem ser descompostos, diferencia-os a partir de grupos sociais:

> [...] pero siempre en los Principes se han de admitir exercícios destos con cordura, y mas el de dançar: digo de dançar, porque el baylar es mas plebeyo, y ni tengo yo por tan poco cuerdos a los nobles, que le ayan dado puerta tan franca, en sus palacios, que lo vengan a exercitar ellos por sus personas, ya que se permite que en los teatros publicamente se bayle con tan gesticulares aciones y movimentos[...][137].

---

132 Ilíada. 18. in principio curatiux artis. Apud: Ibidem, p. 353.

133 Citação de Xenofontes: "Qui rectè scivere choreis decorare Deos, hi optimi & in bellos. Quasi armorum erat instructio ipsia Saltatio. Apud: Ibidem, p. 354.

134 Ibidem, p. 359.

135 REMÓN, op. cit., pp. 42-43.

136 Loc. cit.

137 Loc. cit.

Através das construções sobre essas práticas corporais, pode-se observar que, na busca por diferenciá-las entre baile e dança, Rodrigo e Remón acabam por não conseguir separá-las totalmente. No dicionário publicado em início do século XVII, *Tesoro de la Lengua Castellana*[138], o autor Sebastián de Covarrubias também coloca a palavra "bailar" na definição de "dançar", "[...] antiguamente avia muchas diferencias de danças: unas de donzellas coronadas de guirnaldas con flores, y estas hazian corros, y cantavan, y baylavan en alabança de los dioses"[139]. Ainda, pode-se dançar com descompostura, e bailar em procissão, "David, que dãçò delante del arca del Señor, aunque a su muger Micol le parecio descompostura [...] Que los que baylaron en la dedicacion, y procesion del Arca del Testamiento, no sintierõ cansacio"[140].

Quanto à definição de bailar, o autor argumenta que sua natureza não é má; antes o bailar é necessário em algumas terras para recuperar o calor e o brio, sendo proibidos somente os descompostos e lascivos, principalmente em igrejas e lugares sagrados[141].

Destarte, há um discurso corporal nos *Días Geniales* que se constrói a partir de uma moralização gestual, proporcionando a divisão entre baile e dança. Com relação a essa moral dos gestos, é pertinente sintetizar aqui o estudo de Jean-Claude Schmitt[142], o qual argumenta que, desde os autores greco-romanos, a palavra "gesto" viria acompanhada da palavra modéstia [143], e, por isso, sua regra única seria a do justo meio, não podendo ser vivos demais, débeis ou efeminados.

---

138 COVARRUBIAS, op. cit.

139 Ibidem, letra C a F, p. 276.

140 Ibidem, p. 277.

141 "El baylar no es de su naturaleza malo y ni prohibido, antes en algunas tierras es necessario para recuperar el calor y brio, pero estan reprovados los bayles descompuestos y lascivos, especialmente en las yglesias y lugares sagrados; como esta dispuesto por muchos Concilios y Canones." Ibidem, letra A a C, p. 247.

142 Jean-Claude Schmitt. A Moral dos Gestos. In: *Políticas do Corpo*. Traduzido do francês por Mariluce Moura. São Paulo: Editora Estação Liberdade Ltda, 2005.

143 "Esse velho preceito délfico, citado por Juvenal e sobretudo por Terêncio, legado à Idade Média por Macróbio, retomado por Santo Agostinho e depois por Alcuin, conheceu, a partir do século XII, um novo destino. Desde então, ele não cessou de ser lembrado". Essa passagem sintetiza o estudo do autor sobre a moral dos gestos na tradição intelectual que parte dos antigos e tem sua continuação na época medieval, considerando certas transformações quanto ao uso ou o próprio não uso da palavra latina *gestus* que significa movimentos e atitudes do corpo em geral. Jean-Claude Schmitt, op. cit., p. 143.

Posteriormente, essa moral política se converteria na moral cristã que faria sentido somente na perspectiva do pecado original a ser evitado. Dentre os Pais da Igreja[144]que reuniram preceitos de virtudes pagãs e cristãs para fundamentar a teologia moral da Igreja, foi Santo Ambrósio quem "definiu sob os termos de *modéstia*, *temperantia* e sobretudo *verecundia*, a virtude cristã do gesto"[145]. Por conseguinte, no século XII, estabelecer-se-ia o quadro de referência sobre posturas corporais e expressões, vistos como manifestações do interior da alma e, portanto, devendo ser guiados pela modéstia, a virtude que mantém as maneiras[146]. Segundo Schmitt, esse quadro de conceitos gestuais com enfoque nos movimentos honestos, indissociáveis, compostos e harmoniosos, não mudaria até a segunda metade do século XIII, pelo menos.

Como aponta Maria Moreno[147], não foram encontradas fontes diretas sobre danças na Espanha Medieval até o século XV, e, mesmo recorrendo a textos poéticos, pinturas, crônicas e esculturas, as informações são dispersas. Dos dados investigados, a autora argumenta que as danças, fora e dentro dos templos, estavam numa situação contraditória. Por um lado, sofriam repreensões por personalidades, tanto eclesiásticas, quanto laicas, por outro, eram controladas pela própria Igreja que conservara algumas dessas práticas populares, antes pagãs, cristianizando-as.

Assim, permitiam-se danças coletivas que expressavam alegrias, em festas e domingos, mudando seus nomes e orientando-as para devoções cristãs, como a transformação das danças dionisíacas no carnaval[148]. Nessa perspectiva religiosa, Moreno cita registros de danças praticadas dentro dos templos nos séculos XII, finais do XIV e início do XV, em procissões e cemitérios, como a *Dança da Morte*[149].

---

144 Conceito utilizado pelo autor para se referir aos primeiros autores da Igreja e de suas formulações teológicas. Ibidem, p. 145.

145 Tendo Santo Ambrósio e Santo Agostinho o princípio de que o pecado original seria de ordem sexual por excelência, então, a virgindade seria o estado de graça, e portanto, a Virgem Maria seria a inspiração para as virtudes e os gestos idealizados por Ambrósio. Ibidem.

146 Ibidem, p. 152.

147 Maria Moreno, op. cit., p. 17-18.

148 Ibidem, p. 19.

149 A dança da morte, segundo Moreno, era feita em cemitério, em que se representava a dança dos vivos entre os mortos, concluindo-se com a chegada morte como votoriosa sobre os vivos. Ibidem, p. 19-20.

Embora danças e bailes continuassem sendo praticados em festas ou rituais religiosos no século XVI, como registra Cotarelo y Mori[150], e no XVII, como visto no relato de Cosme, houve uma maior repreensão àquelas práticas por parte do clero a partir do XVI, sendo intensificada no XVII.

A moral gestual, contida nos textos eclesiásticos medievais, não teve a mesma difusão como a que ocorreu no XVII: primeiro, devido à alfabetização que aconteceu em maior número nesse século; em segundo, pelo fato dos textos morais, escritos em romance, poderem ser lidos por subalternos alfabetizados por seus párocos, ou ouvidos nas leituras coletivas, diferentemente da Idade Média, quando textos de cunho moral eram direcionados apenas a nobres e príncipes[151]; por último, houve maior repreensão à cultura popular a partir do século XVI, denominada por Peter Burke de "reforma da cultura popular"[152], na qual se inserem os discursos aqui tratados, voltados tanto às elites, quanto às ordens sociais subalternas, ambas participantes da cultura popular[153].

Para o autor, o ponto crucial da "reforma" fora a separação entre o sagrado e o profano, "[...] muito mais aguda do que havia sido na Idade Média [...] A ética dos reformadores se fundava na decência, diligência, gravidade, modéstia, ordem, prudência, razão, autocontrole, sobriedade e frugalidade [...]"[154]. Vale rassaltar que o conceito de reforma de Peter Burke abrange tanto a reforma protestante, quanto a católica, sendo que a ética citada não se restringia apenas aos protestantes, pois também estava presente em regiões católicas, e, por isso, o autor se opõe a nomeá-la de "ética protestante".

Nesse sentido, mesmo com as divergências entre católicos e protestantes, como as práticas oficiais católicas serem acusadas por protestantes de serem sobrevivência da pré-cristandade, a exemplo dos santos serem sucessores dos deuses e heróis pagãos, e considerando as diversas maneiras assumidas por essa reforma, que variou por regiões e gerações, entretanto, "[...] católicos e protestantes nem sempre se opunham

150 O autor cita um documento que relata bailes coreografados por Ostis para serem representados durante as festiviades à Nossa Senhora da Assunção, em Toledo nos anos de 1651 e 1685. COTARELO Y MORI, op. cit., p. CLXXII-CLXXIV.

151 Jean-Claude Schmitt, op. cit., p. 148.

152 BURKE, op. cit., p. 231.

153 Ibidem, p. 231-233 passim.

154 Ibidem, pp. 235-237.

às mesmas práticas tradicionais ou, se se opunham, nem sempre era pelas mesmas razões. Mas essas variações não devem nos impedir de ver o movimento de reforma como um todo"[155].

Com isso, Burke caracteriza a "reforma da cultura popular" como a tentativa sistemática, por parte de algumas pessoas cultas, "de modificar as atitudes e valores do restante da população"[156], em que, mesmo tendo a participação de artesãos e camponeses, a liderança estava entre os cultos, geralmente no clero.

Embora tenham existido tentativas de reformas da cultura popular no período medieval, elas foram esporádicas e de aspectos individuais, não havendo a capacidade de difusão por muito tempo devido "à natureza das comunicações medievais"[157]. Já no século XVII, a reforma, que começara a tomar um caráter mais coeso no XVI, segundo Burke, aliou-se à maior facilidade da circulação de livros e textos através da intensificação da imprensa, da consequente baratização dos livros e da própria melhoria de locomoção nas estradas[158].

Dessa maneira, a moralidade sobre as formas gestuais, de antecedentes medievais, é exaustivamente tratada no século XVII, como visto no discurso de Dom Rodrigo, que a utiliza para diferenciar os bailes, com seus gestos descompostos e lascivos, das danças, com movimentos compostos e honestos, assim como no discurso de Remón que argumenta a possibilidade de ambos serem descompostos, e em Pedro de Guzmán, que, apesar de não diferenciar danças de bailes, compartilha dessa moral quanto à modéstia das práticas:

> Bayles ay que usados con la moderacion [sic], y cirunstancias devidas, son buenos, honestos y loables [...] Y las *matronas mas honestas los usavan, con tal que no fuesse con mucha curiosidad, ni con mucha perficion del arte.*[159] Y Salustio reprehende à Sempronia, no porque sabia dançar, sino porque sabia *cantar, y dançar con mas donayre, que conviene à una buena muger*[160] (grifos do autor).

155 Ibidem, p. 232.
156 Ibidem, p. 231.
157 Ibidem, p. 241.
158 Ibidem, pp. 241-257.
159 "Et interprobas e arrum crat saltandicura, dummodò non curiosa usque ad artis perfectionem." Macr. lib.3. Saturn. cap. 14. Apud: Ibidem, p. 352 e 355.
160 "Psarelle, saltare elegantiùs quàm necesse est proba. Salust. in Catilin." Apud: Ibidem.

No trecho, observa-se a questão do gênero feminino nas práticas, o que é de muita relevância quando se trata das práticas corporais nesse contexto, sendo necessária uma análise sobre esse aspecto. Há o direcionamento dos preceitos morais do autor à mulher, relacionando as dançarinas excessivas em seus gestos à nobre romana Semprônia, que se perdera com os apetites de sua luxúria, importando-se mais com eles do que com sua honra[161]. Com isso, traz o arquétipo[162] da mulher sedutora, que usa desse artifício mais do que de sua honra ou honestidade.

O autor também cita outros exemplos de autoridades que mostram uma preocupação com esse gênero nos bailes e danças:

> *Dançe* (dize San Ambrosio) *pero la hija de la adultera, que la que es honesta y casta, enseñe à sus hijas no à dançar, sino à rezar, y cosas de religiõ. Porque ningun cuerdo, como dixo com ês deste siglo* (son palavras del mismo Santo) *dança, sino el que está loca. Sea sorda para oyr el organo,* escrive con Santo viejo intruyendo a con dõzella; *la flauta,* ês, *y cithara no sepa para q fin se hizierõ* [...] *Quien enseño à bailar? El dragon antiguo maestro de toda imparidad, el que enseñò à fornicar, adulterar, è idolatrar, esse enseñò à dançar.* Con mas propriedad usara el santo desta alusion, si supiera las bueltas, como de enroscada culebra, q las bayladoras deste tiempo ês: mas ês valiera estar mãcas de manos y pies[163] (grifos do autor).

As associações que faz da mulher dançando ou bailando ao adultério, à idolatria e à loucura representam os gestos femininos como oposições à ordem natural; assim, o adultério e a idolatria se manifestam como pecado, e a loucura como impertinente à reta razão. Tal representação se concretiza, ainda, na analogia que o autor faz das

161 Sallustio Crispo. Sallustio em Portuguez. *Guerra Catilinaria*. Tradução de José Vitorino Barreto Feio. Paris: Livraria Nacional e Estrangeira, 1825; p. 47.

162 O conceito de arquétipo é de Julio Caro Baroja, que faz um estudo sobre arquétipos greco-romanos ainda repercutirem durante toda a Idade Média até o século XVI, o que seria um dos fundamentos em que se baseia o medo à mulher, enunciado em sermões, sátiras e novelas. Julio Caro Baroja. Arquetipos y Modelos em Relación com la Historia de la Brujeria. In: *Brujologia Congresso de San Sebastian*. Madrid, s.d.; pp. 179-205 passim.

163 "Quis talia Christianos edocuit? draco antiquus edocuit, magister omnis impuritatis, qui docuit moechari, fornicari, & idola colere, docuit & ludere." San Efren. Tom. I. Serm. de ludicris. Li. Interr. & resp. interrog. 2. Apud: GUZMÁN, loc. cit.

bailarinas à cobra enroscada, animal que traz o arquétipo da sedução e de sua consequente insanidade que levaria Adão e Eva ao pecado.

Ao tratar sobre o baile em seu dicionário, Covarrubias explana, com acepções semelhantes às anteriores, sobre mulheres que bailam, associando tal fato ao diabo e ao prejuízo causado por Salomé:

> [...] a la muger baylar, y al asno rebusnar, el diablo se lo devio de mostrar (...) Algunos bayles deven aver sido en el mundo de mucho perjuyzio, y entre todos el que más, fue el de la hija de Herodiades, que en premio de su desemboltura le dieron la cabeça del bienaventurado Baptista[164].

Desse modo, é relevante observar uma pintura seiscentista que apresenta mulheres bailando e tocando instrumentos musicais, num contexto bíblico, cujos elementos parecem vir de uma tradição românica manifestada também em imagens de jograis medievais[165]. Assim, num tema bíblico comum, como acima citado, aparecem bailes e danças, cujas passagens mais características se encontram nas telas que representam o rei Davi:

BOCANEGRA, Pedro Atanásio. *El Triunfo de David.* Século XVII; óleo sobre tela; 56 cm x 81 cm. Museu do Prado.

---

164 COVARRUBIAS, op. cit., letra A a B, p. 248.

165 *Fiesta, Juego y Espatáculo en la España Medieval.* Actas del VII Curso de Cultura Medieval; Aguilar de Campo (Palencia), setembro de 1995. Madrid: Polifemo, 1999; pp. 217-272 passim.

A pintura concebe a sensualidade de uma mulher dançando ou bailando, através de vestes que descobrem sua perna, que mostram parte de seus braços e se destacam com cor avermelhada, tendo mais luz do que os outros tons avermelhados da pintura, além de estar em primeiro plano e numa posição quase central na imagem. A cabeça da bailarina está descoberta, assim como as das outras mulheres, e com flores que ressaltam sua feminilidade e vaidade. Apesar de seu rosto estar com uma expressão séria, a maneira como sua cabeça está inclinada demonstra informalidade. Da mesma forma, as outras mulheres, também de expressão facial sem sorrisos ou alegria, mostram tal informalidade através de suas posturas não eretas e da proximidade de seus rostos que parecem "embriagados" com o som do instrumento musical tocado por uma delas. A mulher sentada com o instrumento também tem seus braços seminus, e a que está sentada opostamente a ela tem seu colo descoberto. No entanto, mesmo com traços de sensualidade, essas mulheres não parecem manifestar algo negativo ou ameaçador com tais artimanhas, como faz Salomé, o que talvez seja pelo caráter positivo da celebração à vitória de Davi.

TIZIANO, Vecellio di Gregorio. *Salomé con la Cabeza del Bautista.* 1550; óleo sobre tela, 87 cm x 80 cm. Museu do Prado.

Já na imagem da Itália do XVI, adquirida pelo Alcácer de Madrid em 1665, com aspectos semelhantes à anterior quanto às cores das vestes, ou seja, da bailarina na primeira imagem e de Salomé na segunda, e à proximidade dessas mulheres às cabeças cortadas, respectivamente, de Golias e de João Batista, conta-se a façanha de Salomé que consegue a morte de João Batista através de seus encantos femininos. Salomé é representada com um vestido vermelho de tecido transparente, cavado nas costas, com um xale posto de maneira a deixá-las descobertas. Seus braços seminus erguem a bandeja com a cabeça de João Batista, como um símbolo de sua vitória. A claridade de sua pele e luz nas vestes contrasta com o fundo escuro e com a cabeça de João Batista que está mais sombria. Apesar de não haver indícios que afirmam que Salomé está dançando, seu xale esvoaçante e sua postura inclinada podem ser elementos indicadores de movimento, podendo caracterizar ser uma dança, aquela reveladora de seus atrativos usados para sua conquista.

Ambas as pinturas trazem histórias bíblicas que foram numerosamente representadas em imagens durante a Idade Média, tanto em bíblias românicas como em arquiteturas religiosas, e seus elementos foram, inclusive, utilizados para representar jograis da época e vice-versa, pois jograis também eram colocados junto às imagens bíblicas[166]. O pandeiro, que a bailarina da primeira imagem segura, aparece frequentemente na arte antiga e medieval[167], originário de antigas cenas dançantes como as bacanais. Augustín Gómez afirma que a tradição dessas representações das bacanais e de suas musas bailarinas ainda continuaria na Idade Média, mas inserida na índole litúrgica[168]. Assim, a figura do pandeiro ou pandeireta na bíblia isidoriana ilustra "Miriã", irmã de "Arão", dançando com outras mulheres em louvor ao Senhor (Êxodo 15, 20-21)[169].

O autor também argumenta que as representações dessa bíblia, provavelmente, foram modelos às da bíblia românica e às representações de jograis nas catedrais dessa mesma época. Por outro lado, jograis também eram colocados nas representações bíblicas das catedrais, o que, de certa

166 Ibidem.
167 Fernando Galván Freile et alii, op. cit. , p. 224.
168 Augustín Gómez. op. cit., p. 245.
169 Fernando Galván Freile et alii, op. cit, p. 222.

forma, confunde certas imagens, sem inscrições, sobre serem representativas de jograis ou de cenas bíblicas[170].

Nas cenas medievais dançantes, que remetem a Davi e ao Êxodo, as danças apresentam um aspecto positivo, porque são comemorações ao rei escolhido por Deus ou um louvor ao próprio Deus. Logo, diferencia-se da dança de Salomé que, com suas posturas impossíveis, também influenciando nas imagens de contorcionismo dos jograis[171], culminara em assassinato.

Embora, no século XVII, haja representações em que a dança de mulheres não é algo demoníaco ou oposto à ordem divina, como na pintura do rei Davi, é como se tal viabilidade se devesse à tradição litúrgica medieval, pois o predomínio das representações de mulheres no XVII contrapõe-se àquelas que as mostram bailando ou dançando.

Como consta nos tratados morais, priorizam-se aspectos que representam mulheres confiáveis, como sua sobriedade, instrução, educação e religiosidade. Isso reverbera no argumento de Remón, que repreende muito mais as mulheres que os homens quanto às práticas de bailar e dançar, e, quando se refere aos nobres, esse autor não relaciona tais práticas às mulheres, como se elas não as realizassem em hipótese alguma, fato que será abordado mais adiante neste trabalho.

Essa mentalidade sobre a mulher não era uma particularidade da Espanha, considerando-se os ambientes das casas reais europeias, onde se manifestava uma maior unificação entre os costumes nobres das várias nações e regiões, promovida por domínios político-territoriais entre nações, casamentos e alianças entre a nobreza[172].

Em tal contexto, também se destaca a veiculação de obras de arte, como as da escola flamenga, compradas e adquiridas pela nobreza espanhola. Uma dessas obras (logo abaixo) expressa a moralidade feminina, mas a restringe à mulher que pertence às elites (mulheres com pés cobertos ou calçados), que se contrapõe às imorais e não elitizadas (mulheres com pés descalços e descobertos) representadas num ambiente festivo e, talvez, de bailes (com instrumentos musicais típicos).

---

170 Augustín Gómez, op. cit., p. 246.

171 Ibidem.

172 Moreno, op. cit., p. 31.

LIZAERT III, Peeter. *Las Vírgenes Locas y las Vírgenes Prudentes.*
Entre finais do XVI e início do XVII; óleo sobre tela, 73cm x 105cm. Museu do Prado.

Nessa imagem, há uma dualidade entre as mulheres prudentes e as loucas, em que as primeiras são representadas lendo, orando, costurando, servindo chá, e se encontram num ambiente limpo e organizado, com o amparo do plano angelical que está em seu fundo. Desse plano angélico, Cristo olha as loucas (que estão ao fundo) e uma delas (de vestido verde) o olha com expressão de vergonha e medo, enquantro outra (de vestes rosa e seios nus) olha, com expressão semelhante, o anjo da anunciação[173], e uma terceira cobre o rosto com as mãos, mostrando também vergonha.

As loucas que aparecem à frente delas estão com instrumentos musicais típicos de bailes, como o alaúde e o violino, e num ambiente

173 O anjo com a trombeta é uma figura comum nos tratados de pintura seiscentistas, representa o juízo final, pois desperta algumas pessoas para a vida eterna ao mesmo tempo em que sepulta outras para sempre. Pacheco, Francisco. *Arte de la Pintura, su antiguedad y grandezas.* Sevilla, Simon Faxardo, 1649; p. 211. Disponível em: <http://bibliotecadigitalhispanica.bne.es>. Acesso em: 03/07/2011.

desordeiro e sujo, com restos de comida, cartas de baralho, dados e outros objetos espalhados pelo chão. Os elementos de jogos (baralho e dado) com as moedas representam jogos de azar, contra os quais a Igreja lutava, por viciar facilmente e trazer danos como confusões, perda de dinheiro e até a morte[174]. Além das características mencionadas, que diferenciam as prudentes das loucas, os vestidos das primeiras recobrem seus pés, tendo somente uma que aparece com um pé calçado, enquanto as loucas estão com os pés descobertos e descalços, podendo significar que o grupo das prudentes pertence a ordens sociais mais abastadas, e o grupo das loucas a ordens subalternas, havendo uma diferença moral que está conectada ao social.

Nesse sentido, Remóm, que dedica uma parte de seu discurso à educação nos entretenimentos das mulheres, também faz repreensões morais a esse gênero, distinguindo a moral entre seus grupos sociais, em que as nobres devem dar o exemplo às outras mulheres. A princípio, o autor afirma que as mulheres, de modo geral, pertencem à parte mais fraca da república, devido à sua vulnerabilidade, e são equiparadas às crianças por tal fraqueza:

> Una de las partes que se puede tener por mas flaca, y débil en el cuerpo de una Republica, o la comunidad noble, o la plebeya, es la de las mugeres, y los niños: porque en ellas entre otros defectos naturales, experimentamos dos, que son la facilidade de creer, y persuadirse, y dexarse llevar de qualquier antojo, o golosina de su gusto [...] [175].

Em seguida, a mesma distinção social que o autor faz de costumes entre nobres e plebeus também é perpetrada entre as práticas de mulheres nobres, "[...] mugeres principales, y a señoras poderosas [...]" [176], e as de mulheres aldeãs, "[...] labradoras, mugeres de aldea [...]" [177]. No entanto, apesar de Remón recomendar somente as danças aos nobres, como já visto, não as sugere às mulheres nobres, nem mesmo comenta

---

174 No próprio tratado moral de Remón, aqui trabalhado, há passagens que abordam os jogos, nas quais se condenam principalmente os jogos de azar, como os de dados e de naipes. Cf. REMÓN, op. cit., pp. 25-26.

175 REMÓN, op. cit., p. 88.

176 Ibidem, p. 92.

177 Ibidem, p. 94.

ou repreende sobre essas mulheres praticarem bailes ou danças, como faz ao criticar os homens nobres que bailam.

Essa ausência parece ser mais uma advertência que uma realidade, já que o autor, primeiramente, parte do princípio de que reis, príncipes e senhores de títulos deviam dar o exemplo aos outros, agindo retamente e, quando necessário, na mesma medida, castigados retamente:

> Príncipe, y Señor poderoso, desde el Emperador al Rey y desde el Grande, y señor de titulo particular, señor de vassallos: porque de las reglas, y condiciones, que pusieremos en los entretenimientos, y recreaciones de los unos, podran tomar comun exemplo y leccion los otros: de como han de ser sus entretenimientos, modificandolos, y restringiendolos, segun la memória, y baxa que vieren la pequeñez de sus estados, equiparada, y comparada a la grandeza de un gran Principe, y Rey, que es en quien ponemos el exemplo [...] A los Reyes, y Monarcas superiores poco lugar les queda de entretenerse, y recrearse, si bien mui al contrario desto lo siente, y entiende el ignorante vulgo[178].

De semelhante modo, as mulheres principais e poderosas deviam dar o exemplo e, por isso, diferenciar-se da gente comum nos entretenimentos, "[...] las señoras, mugeres poderosas, mugeres de grandes, o títulos, tambien es necessario que se diferencien de la gente comun en los entretenimientos, [...] que los entretenimeintos de nobles, nobles han de ser"[179]. Mas, diferentemente do que Remón recomenda aos homens nobres, não recomenda ou pronuncia qualquer prática de baile ou de dança a essas mulheres.

A hipótese de uma advertência a esse grupo se deve, ainda, à possibilidade de haver não só danças, mas também bailes entre tais mulheres. De acordo com um documento produzido em 1623, de Antonio de Mendonza, *Fiesta que se Hizo en Aranivez a los Años Del Rey Nuestro Señor D. Felipe IIII*[180], há uma dança de máscaras, bastante elogiada pelo autor, realizada por um mestre de danças e por algumas damas:

---

178 Ibidem, p. 39.

179 Ibidem, p. 89.

180 Antônio de Mendonza. *Fiesta que se Hizo em Aranivez a los Años Del Rey Nuestro Señor D. Felipe IIII.* Madrid: por Luan de la Cuesta, 1623 (Colección Clásicos Tavera: Juegos fiestas y diversiones – textos históricos, CD ROM).

> Hizo señal la musica de trompetas, y chirimias, que salian el Rey, y los infantes al sitial de sus assientos, y luego salieron al tablado muchos violones, y el Maestro de dançar con ellos, y dando lugar los Ministriles a los instrumentos, se abrieron dos portas, y se empeço una gallarda mascara. Salieron dançãdo en la primera pareja la señora doña Sofia, y la señora doña Luisa de Venavides, (...) Dançaronla con la admiraciõ de todos [...][181].

Quanto a bailes, no relato do Príncipe Cosme, houve a *chacona* e a *sardana* numa festa organizada em sua honra por Don Gabriel Llupán[182]. Visto que a *chacona* foi colocada por Dom Rodrigo como um baile que parecia tirado do inferno pelo demônio[183], ela aparece com casais bailando, nessa festa de nobres; logo, havia mulheres bailando, provavelmente nobres: "Comiciò la festa un Cavalieri con l'invito d'una Dama [...] Il ballo è mescolato con certe mutanze di ciaccona fatta con lo scoppietar con le dita che rende un po' d'aria usanza moresca"[184].

Sobre as mulheres aldeãs, Remón já menciona que essas bailam, repreendendo-as sobre tal costume, "[...] aquellos sus bailes en la calles, y en lugares publicos, a que llaman el corro, y el olmo, verdaderamente se he de dezir lo que siento, no estan bien a las mugeres, especialmente a las donzellas, y viudas [...]"[185].

Portanto, diferentemente dos discursos de Caro e Guzmán, que se preocupam mais com as formas gestuais e com sua moderação, respectivamente, Remón manifesta uma hierarquização dessas práticas corporais entre nobres e plebeus, mas também, entre homens e mulheres. Logo, se os nobres devem dar o exemplo aos outros, abstendo-se dos bailes, e se possível, das danças, suas mulheres, pertencentes à parte mais frágil da república, devem se restringir mais ainda que os homens, servindo de exemplo às outras.

---

181 Ibidem, pp. 6-7.

182 "Com mucho gusto participa en la fiesta organizada en su honor en casa de D. Gabriel Llupán, probablemente hermano de D. Pedro, Gobernador de Barcelona, interesándose en la representación de la sardana, de la *ciaccona*..." Comentário da editora sobre a festa relatada no documento, em que há a chacona. (grifo do autor). MEDICIS, op. cit., p. VI.

183 Cf. p. 33 do presente trabalho.

184 MEDICIS, op. cit., p. 31.

185 REMÓN, op. cit. p. 96.

Essa hierarquização é aqui considerada uma representação, um ideal que busca diferenciar costumes entre grupos sociais, os quais não necessariamente tinham suas práticas diferenciadas, visto que bailes eram praticados por nobres e plebeus.

Dessa maneira, bailes podem estar associados ao que Peter Burke chamou de "pequena tradição"[186], pois são praticados tanto pelas elites quanto pelas camadas subalternas. Segundo Peter Burke[187], as elites também fariam parte da cultura popular ou "pequena tradição"[188]. Porém, o autor argumenta que a "reforma da cultura popular" repercutiria numa maior separação entre a cultura elitizada e a dos subalternos, embora não fosse uma intenção dos reformadores eclesiásticos, em princípio. Assim, o primeiro grupo relegaria a cultura popular ao segundo grupo[189], como teria acontecido na França e na Inglaterra do XVII, cujos nobres procuravam mestres de danças para aprender as mais louváveis. Para o autor, a reforma espanhola seria efetiva somente no século XVIII, com o aumento dos tratados clericais de proibições sobre teatros e danças.

Contudo, as buscas por mestres de danças pelas elites já existiam na Espanha seiscentista[190], também tratados proibindo, recomendando ou diferenciando bailes de danças, como os aqui trabalhados, e ainda assim, os bailes, mais punidos que as danças, continuaram sendo praticados pelas elites, pelos subalternos e nas igrejas.

Burke afirma que a mudança na Espanha só ocorreria com o aumento dos tratados morais no século XVIII, mas não considera a possibilidade da ampla divulgação desses tratados seiscentistas. Com exceção ao texto de Rodrigo Caro, que foi publicado posteriormente, os outros dois documentos, provavelmente, tiveram grande circulação na época. Já que, além dos eclesiásticos serem professores, intelectuais e alfabetizadores, como visto, esses discursos foram publicados em

---

186 BURKE, op. cit., pp. 52-54 passim.

187 Ibidem, pp. 231-233.

188 Conceito que abrange costumes e valores culturais praticados tanto por elites como por camadas subalternas, como tradições folclóricas que eram passadas informalmente, a exemplo de canções folclóricas que as amas camponesas ensinavam a crianças nobres, de quem cuidavam. Ibidem.

189 Ibidem, pp. 51-54 passim.

190 A autora Maria J. Moreno descreve uma grande lista de fontes contendo mestres de danças contratados para ensinar aos nobres. MORENO, op. cit., pp. 72-73.

vernáculo, mostrando a intenção de ampla divulgação ao citar trechos bíblicos em romance, mesmo com a proibição da Bíblia e de todas as suas partes, impressas e manuscritas, em qualquer dessas linguagens, pelo Inquisidor Sandoval, em 1612[191].

Se a reforma se concretizou somente no século XVIII, todavia, ela já estava presente em discursos no início do XVII. O argumento de Burke não questiona o porquê da não concretização no XVII, se as ideias dos discursos que ele cita do século posterior, apesar do seu maior número, já estavam manifestas e divulgadas no XVII.

Não cabe tratar, nesta sede, o que houve no século XVIII, pois demandaria outra pesquisa, ficando aqui essa questão. Quanto ao XVII, não se pode esquecer que se tratam de discursos, os quais se apropriaram do ideal cortesão, já presente no XVII, que apresentava caracteres dividindo costumes nobres dos seus subalternos; logo, os tratados se aproveitaram dele para atingir as elites, mas não culminando numa divisão efetiva.

Mesmo que os tratados aqui analisados visassem à reforma da cultura popular, que abrangia as diversas camadas sociais, não significa que as várias ordens sociais, leitoras ou ouvintes desses mesmos textos, tivessem um mesmo entendimento ou uma recepção igual de seu conteúdo. Pois, imbuídos de várias fontes de conhecimento, esses textos mesclam em seus discursos elementos de retórica que seriam reconhecidos por leitores que buscavam as condutas do "tipo discreto"[192], portador de arte retórica e modelo tipificado do ideal cortesão.

Assim, a normatização é difundida, tanto pela própria forma do discurso quanto pela moral do comportamento, nos tratados men-

191 Com exceção dos Evangelhos cantados na missa, mas desde que acompanhados por um sermão para edificar os fiéis. Ibidem, pp. 84-85.

192 "Esses tipos (discreto e vulgar) não mantêm identidades permanentes, pois são construções; e como ideais construídos, não são reflexos de realidades, pois 'não têm substancialidade empírica', mas são práticas articuladas de acordo com instituições, grupos e indivíduos. A discrição seiscentista implica que a identidade é definida pela representação e como representação; e que o poder seja deduzido da aparência, e a posição, da forma da representação." Segundo Hansen, esse tipo foi fundamentalmente convencionado na formação dos Estados ibéricos, sendo apropriado por ordens, grupos ou indivíduos para se representarem, e com isso, impor classificações culturais a outras ordens e indivíduos, como o tipo vulgar, desprovido de regras do comportamento. João Adolfo Hansen. O Discreto. In: *Libertinos Libertários.* São Paulo: Companhia das Letras, 1996, pp. 89-94 passim.

cionados e na obra de Dom Rodrigo. Tratando-a no aspecto discursivo, observa-se o direcionamento dos autores à "grande tradição", a qual é portadora do conhecimento de autores clássicos, da retórica, da poética aristotélica, da história antiga e das escrituras sagradas, o que é preceito para ser um "discreto", cuja formação, ao contrário do "vulgar", permite-lhe reconhecer essas referências em um discurso. Logo, ao lançar mão de tais recursos, esses textos já poderiam manifestar a representação do "discreto" aos leitores e utilizar-se desse reconhecimento do leitor para difundir regras de comportamento em bailes e danças.

Sobre a moral do comportamento, há passagens dos três autores, já citadas neste capítulo, em que se busca a conservação da ordem divina ou sua imitação, por meio das danças e bailes voltados à conservação do corpo e ao preparo desse para a guerra, a fim de proteger a república. Nesse sentido, intelectuais eclesiásticos da península propõem a busca da virtude aristotélica, o justo meio, a fim de representar na "ordem natural", no plano terreno, a "ordem universal", divina[193]. Por consequência, reformulam o conceito de "Razão de Estado" de Maquiavel, em que os fins do poder político justificariam seus meios, para um ideal conectado à providência, no qual o poder serviria ao bem comum para que o homem cumprisse sua missão diante dos desígnios divinos[194].

Essa característica diferencia o "discreto" católico, que possui a dissimulação como técnica de fingimento moralmente virtuosa ("oculta o que realmente existe"[195]), do "discreto" maquiavélico, que usa da simulação para fingir o que não há. Na constituição ibérica do tipo "discreto", segundo Hansen, fora fundamental a reciclagem do aristotelismo e do neoplatonismo, cujas ideias se adaptaram ao interesse moderno da "Razão de Estado", propondo a virtude como capacidade intelectual do juíz[196].

A virtude como missão do "discreto", dessa forma, também é representada em bailes e danças por diferentes perspectivas de nossos autores. Assim, Dom Rodrigo representa-a através dos gestos com-

---

193 José Ramón Alcántara Mejía, op. cit, p. 42.

194 Alcir Pécora. *Sermões: Padre Antônio Vieira.* São Paulo: Hedra, 2001, t.II, p. 23.

195 João Adolfo Hansen, O Discreto, op. cit, p. 89.

196 Ibidem, p. 89.

postos, honestos e varonis. Já Guzmán parte da moderação e das circunstâncias dessas práticas para serem louváveis e honestas, enquanto Remón busca-a nos entretenimentos dos nobres, que devem ser os mais virtuosos para dar exemplo aos outros (subalternos).

Ao representar o "discreto", esses discursos também se utilizam do seu oposto, o "tipo vulgar"[197], para, possivelmente, coagir ou constranger leitores que buscavam a discrição e que, ao mesmo tempo, poderiam reconhecer suas práticas na representação do "vulgar" desses discursos, neste caso, associada aos plebeus. Desse modo, os discursos evocam aspectos da descompostura, da loucura, dos vícios e da falta de moderação, preceitos do "tipo vulgar", para recalcar certos bailes e danças praticados por quem se consideraria discreto ou buscaria tal conduta.

A discrição, como modelo de virtude, já fora tratada em livros dedicados a governantes, desde o século XIII, momento em que os livros de aconselhamento, "ars dictaminis", cruzaram com o modelo de estudo francês baseado na leitura de autores latinos, as "auctoritates". Inspirando-se nos filósofos latinos, e citando-os, os livros de aconselhamento passaram a criticar a nobreza de sangue, a qual não seria nada se levasse uma vida desonesta, pois, afirmavam eles, que a verdadeira nobreza seria a da virtude, como visto nas poesias de Horácio.

Esses pensamentos, segundo Adolfo Hansen, contribuíram para a posterior conceituação do "discreto", cuja codificação feita no século XVI, teria Baldassare Castiglione e Giovanni della Casa como seus principais autores[198].

Ao mesmo tempo em que se atua para o outro, também se é espectador, e aqui cabe falar em espetáculo de representações, cujos lugares e situações sociais requerem diversificados papéis. Assim, o "discreto" deve reconhecer os tipos e representá-los de acordo com a função requisitada pelo espectador, mostrando prudência e juízo para se manter virtuoso, no justo meio, pois o excesso nas maneiras o tornaria néscio.

---

197 O tipo "vulgar", desprovido de regras do comportamento, é construído por oposição à representação do "discreto". Logo, é assim conceituado na perspectiva de quem se representa como "discreto". Ibidem, pp. 92-95.

198 Ibidem, p. 89.

Ao longo dos séculos XVI e XVII, esses tratados, que propunham a virtude como base central de comportamento, inspiraram as traduções e publicações de outras obras baseadas nesses pensamentos, como o caso de Gracián[199], na Espanha, que ampliou a proposição anteriormente dedicada aos cortesãos para qualquer um, "[...] dentro dos limites hierárquicos óbvios"[200]. Pois, para Gracián, podia-se tornar "discreto" através da aplicação de suas receitas, diante da busca de distinção na ascensão hierárquica. Todavia, as elites, por sua maior alfabetização e acesso a essas obras, em comparação aos subalternos, estavam mais conectadas com esses ideais de discrição.

Portanto, os tratados católicos apropriaram-se desses ideais, já presentes naquela sociedade, para atingir principalmente as elites com sua reforma, já que os ideais de discrição expressavam-se entre tais grupos sociais por intermédio da grande circulação da obra "O Cortesão" de Castiglione, que recomendava a execução de danças e bailes com moderação aos nobres, e que, possivelmente, contribuiu para as frequentes buscas por mestres de dançar, dedicados a eles. É importante salientar que não há diferença entre os conceitos baile e dança na obra de Castiglione, como vemos na passagem abaixo:

> Ay algunos otros exercícios [sic], que se pueden usaren publico y en secreto, como el dançar. Y en este penso yo que aya de tener alguna consideración el Cortesano. Porque dançando en una fiesta en presencia de muchos, parece me que deve traer una honrada autoridad mezclada con una gentileza loçana, y con buen ayre, y aun que se halle muy suelto y se vea señor de lo q haze, no cure de dar saltillos, ni hazer abilidades, ni meter mucha obra [...] Aunq con todo en una camara, estando assi familiarmente entre otros podria hazerlo, y aun tenia licencia para bailar sueltamente los bayles que entre hõbres de bien se usan. Pero en publico ha de ser mas recogido, sino quãdo fuere mascara, q entonces puede andar mas suelto, aunque le conozcã[201].

Nesse sentido, a normatização das práticas nobres, nos discursos vistos, ainda se confunde entre restringi-las às danças e os modos ou circunstâncias de realizar tanto danças como bailes.

---

199 Baltasar Gracián, op. cit.
200 João Adolfo Hansen. O Discreto, op. cit., p. 99.
201 Baldassare Castiglione, op. cit., p. 73.

No primeiro caso, pressupõe-se a diferença conceitual entre bailes e danças, o que também está confuso, visto que ambos podem ser considerados pela mesma prática. Ainda, quando distinguidos, são feitos por motivos diversos que não delimitam uma fronteira concreta entre eles, como as diferenças por formas gestuais ou por grupos sociais.

No segundo caso, os dois tipos podem ser descompostos ou compostos, dependendo de sua forma e circunstância, e, como ambos podem ser praticados por nobres, não há uma hierarquia social que os segmente, além de não haver um consenso sobre a diferenciação moral entre gestos específicos. Mesmo que as danças devessem ser as práticas lúdicas dos nobres em alguns discursos ou os bailes moderados em outros, esses grupos ainda continuavam realizando aquelas consideradas plebeias, lascivas e demoníacas em discursos analisados.

Se, por um lado, nossos autores se dirigem às elites, por outro, também se direcionam aos subalternos, primeiramente, pela linguagem utilizada em seus discursos, o romance, em segundo lugar, pelos diversos exemplos que oferecem ao leitor a cada argumento sobre bailes e danças, citando histórias greco-romanas, bíblicas e de teólogos, pois, mesmo que o leitor não elitizado não seja conhecedor dessas autoridades, a utilização de exemplos e histórias é o recurso mais utilizado para convencê-lo em discursos retóricos[202].

Os subalternos podem ser incluídos nos argumentos que se direcionam a todo cristão, como nos casos em que os autores colocam certos tipos de bailes e danças contra a "ordem natural", usando do recurso retórico da temeridade, já citado. Logo, a comparação que Dom Rodrigo faz dos bailes ao demônio, e a analogia que Guzmán faz das danças de "Satyros" (chamada de baile por Rodrigo) à crucificação de Cristo, são voltadas a todo cristão que, a princípio, também se reconhece como filho de Deus e teme não cumprir sua parte nos planos divinos. Já Remón compara movimentos de baile e dança à loucura, o que seria contrário à "reta razão" divina, e por isso, provocaria temor aos cristãos. Assim, essas formas de discursar se direcionam a todas as ordens sociais, em princípio cristãs. Ainda, há alusão direta a subalternos quando Remón associa os bailes aos plebeus, advertindo às mulheres desse grupo social a não frequentarem tais práticas.

202 Aristóteles, op. cit., p. 56.

Vale salientar que, por esses tratados serem extensos, ultrapassando cem ou até quatrocentas páginas[203], isso dificultaria sua circulação entre as várias ordens sociais, já que os materiais impressos em grande quantidade se caracterizavam por serem textos breves e de gêneros capazes de reter o maior número possível de leitores, como os *pliegos sueltos*, que, devido às limitações das oficinas tipográficas, consistiam em oito ou dezesseis páginas de texto, gastando apenas uma folha de impressão que era dobrada duas ou quatro vezes.

Os *pliegos* tinham os romances como principais gêneros, os quais já estavam presentes em várias ordens sociais pela oralidade, ou seja, ler em voz alta para grupos ou contar histórias ou trechos de romances decorados para eles, e também pela leitura silenciosa (sussurrada), uma vez que a alfabetização de subalternos já acontecia[204].

Todavia, pelo fato dos tratados estarem inseridos no contexto reformista da Igreja e manifestarem a moral reformista nas práticas que abordam, além do aspecto que mostra uma intenção de ampla divulgação devido à linguagem romance e ao direcionamento aos plebeus em várias de suas passagens, eles teriam suas ideias divulgadas entre os plebeus através de pregações e sermões, ou da leitura oral de passagens desse tratado. Não seria também impossível, que houvesse a impressão de textos mais breves com passagens ou ideias dos tratados, assim como ocorria com os *ocasionais,* textos franceses correspondentes à forma breve e à ampla circulação dos *pliegos* espanhóis, mas que traziam verdades teológicas ou moral que preveniam os leitores contra várias práticas sociais, dentre elas, a dança[205].

Por intermédio desses discursos, portanto, podem-se observar preceitos comuns entre o meio eclesiástico quanto às práticas de bailes e danças, princípios manifestos pela conservação da "ordem natural", análoga à divina, produzindo, assim, uma normatização corporal voltada à conservação da saúde, à guerra e à modéstia nas formas gestuais ou em suas circunstâncias. Caso contrário, as práticas corporais estariam em oposição à ordem divina, ou seja, com os demônios ou com a loucura.

---

203 O tratado de Guazmán tem 439 páginas, enquanto o de Remón tem 112 páginas.

204 CHARTIER. Leituras e leitores da Renascença ao período clássico. In: *Historia da leitura no mundo ocidental*, op. cit., pp. 118-129 passim.

205 Ibidem, p. 128.

Os movimentos lascivos e a luxúria nessas práticas também estão na oposição a Deus, na medida em que podem ser usados para os interesses próprios de quem os faz, prejudicando o bem comum. Isso é exemplificado na figura feminina, que, por conseguinte, é posta na parte mais frágil da república, devendo estar mais privada dessas práticas corporais que os homens.

Para o bem comum, o exemplo de virtude dessas práticas é construído nos discursos partindo dos superiores, seja pela ordem divina que, por meio da moral cristã, repercute na modéstia dos gestos e das circunstâncias desses, com apoio nas autoridades greco-romanas e sagradas, seja pelo ideal cortesão, que tem a nobreza como modelo de conduta para seus subalternos.

Contudo, esses ideais não representam todo o ambiente da Igreja, vista a *chacona* ao final da missa, tampouco respondem a todo um ideal de nobres, já que eles também realizavam esse baile do demônio e praticado por plebeus. Deste modo, fica o impasse em que os ideais reformadores, possivelmente difundidos em várias camadas sociais, não obtiveram o intento principal, a mudança na cultura popular.

O impasse aqui se explica pela confusão dos conceitos "bailes" e "danças" e pela indefinição das práticas por gestos ou grupos sociais, mostrando um grande problema no intento da reforma, pois seus próprios discursos não conseguiam estabelecer fronteiras bem definidas do que se podia praticar, como, onde e por quem.

Mesmo a tentativa de separar bailes e danças, utilizando-se do ideal da discrição, não mostra uma definitiva diferenciação desses conceitos, o que contrapõe a conclusão de Maria Moreno sobre a diferenciação que não confundia baile e dança no século XVII[206]. A autora enfatiza essa distinção, começando pelas formas gestuais, e finaliza com a hierarquização social das práticas:

> En general, las danzas se caracterizan por la realización de figuras que se forman por medio de parejas, cuadros, filas de parejas, corros, dobles corros, etc..., en donde el número de pasos era muy importante para determinar una mudanza o otra. Estos pasos son deslizados con gran solemnidad y sobriedad [...] Los bailes poco a poco van alternado la realización de figuras con la de pasos de bailes, de manera que utilizan

206 MORENO, op. cit., pp. 87-90.

> ambas posibilidades [...] Los brazos suben más arriba de los hombros y se mueven mucho más que en las danzas de corte, acentuando todo este movimiento con el sonido de las castañuelas, elemento casi indispensable en los bailes. El torso, las caderas y el rostro aparecen como recursos adecuados para la expresión de sensaciones y sentimientos que hasta ahora eran mostrados raramente [...] Las danzas pertenecen a los reyes y a la nobleza, mientras que los bailes al pueblo[207]

Se tal distinção era devida às formas gestuais, por que havia a confusão dos nomes? Ou, se as danças pertenciam à aristocracia e os bailes, aos plebeus, por que ambos eram praticados por plebeus e nobres, segundo a própria autora[208]?

Maria Moreno explica que, primeiro, as diferenças se davam devido às referências às danças na corte ou em espaços de nobres, enquanto os bailes pertenciam aos festejos populares, e, posteriormente, as diferenças tomaram outro sentido, pois os bailes referidos eram os teatrais, que ganharam seu apogeu e consolidação na teatralização, influenciando outras danças, e havendo uma maior circulação entre as ordens sociais:

> Tal éxito creciente está en consonancia con el espíritu barroco que inunda todas las manifestaciones artísticas, que, como apunta Orozco, consiste en la sobrevaloración de los medios expresivos procurando actuar intensa y directamente sobre los sentidos, con el fin de conmover el espíritu [...] Otra característica del arte barroco es la constante necesidad de movimiento, un gusto por las innovaciones, los cambios, huyendo sobre todo de la rigidez y estatismo por lo cual los bailes cobran una importancia inusual en esta época, ya que como hemos dicho, se convierten en un medio expresivo perfecto para la estética barroca[209].

Os caminhos que a autora percorre para diferenciar danças de bailes são os apresentados nos discursos analisados, ou seja, das formas gestuais e da hirarquização social.

Quanto aos gestos, poderia haver práticas nomeadas como bailes, que apresentavam movimentos de braços mais dinâmicos, em que também se permitia a expressão do torso, mas não significa que todos os

207 Ibidem.
208 Ibidem, pp. 90-93.
209 Ibidem, p. 91.

bailes possuíam essa forma, ou que nenhuma dança a permitisse, mesmo porque, partindo dos discursos analisados, tais conceitos confundemse.

Com relação à hierarquização social, os bailes já faziam parte do ambiente aristocrata desde o início do século XVII, como apontam passagens dos tratados morais, e continuam fazendo parte em meados do século, como aponta Cosme de Médicis, que, inclusive, descreve um ambiente de festa não teatralizado.

No argumento de Moreno, a teatralização dos bailes também seria responsável por sua maior valorização e consequente circulação entre as ordens sociais mais elitizadas, já que a teatralização requeria a expressão sensual e os movimentos dinâmicos dos bailes.

Mas isso justificaria os bailes populares serem levados ao palco, se além de pertencerem aos plebeus, no argumento de Moreno, eram caracterizados como lascivos e desonestos em seus gestos? Ainda, por que se formou um gênero próprio denominado *baile dramático* ou *baile entremesado*, apresentado a ordens sociais que não compartilhavam das origens dessas práticas, os bailes populares, até então? Mesmo que esse gênero se distinguisse dos bailes populares anteriores, por que tal denominação, caracterizada como algo plebeu e descomposto, em alguns discursos, fora eleita para os teatros?

Como será trabalhado no segundo capítulo, a denominação baile já estava no repertório de um tratado teórico italiano de danças do século XV, sendo que, no XVI, uma mesma prática aristocrata era chamada de baile ou de dança, dependendo do tratado, o que será abordado com profundidade no próximo capítulo, mas é mencionado aqui para adiantar que a valorização dos bailes pelas elites não é algo inédito do período que a autora enfatiza como barroco para justificá-la.

Assim, cabe reafirmar que as distinções apresentadas pela autora apenas seguem construções discursivas da época e, portanto, não solucionam a complexidade das práticas e de seus conceitos. Ainda, a autora menciona que esses tratados teóricos também não se confundiam, pois nomeavam as práticas de acordo com a maneira como eram representadas. Porém, as mesmas práticas eram descritas de forma semelhante, com a mesma estrutura e voltadas aos mesmos fins, às festas da corte, mas em um tratado eram chamadas de baile e, no outro, de dança. Tais discussões serão continuadas e aprofundadas no capítulo seguinte.

3. Sociedade e Festas

Desde o século XV, bailes e danças são tratados pela perspectiva teórica em textos encontrados na Espanha, Itália e França[210]. Esses tratados advêm de uma tradição francesa, segundo Moreno[211], conquistada pela europeização das danças devido à política reinante entre os países, citada no primeiro capítulo, que proporcionara um maior intercâmbio de ideias estéticas[212]. A imprensa, que surge também naquele século, contribui para a circulação desses textos, e sua intensificação no século seguinte culmina também no aumento da circulação dos tratados quinhentistas, sendo que esses últimos se desenvolvem em linguagens mais complexas quanto às técnicas descritas e aos tipos de práticas que abrangem.

A circulação desses tratados, provavelmente, se restringia aos grupos mais elitizados, por sua forma textual e seu conteúdo não possibilitarem uma leitura popular, pois, mesmo que houvesse a leitura oral e a alfabetização (em menor incidência que nas elites) entre as ordens subalternas no final do século XVI e no XVII, o tipo de material escrito e impresso recorrente no meio popular era de textos breves e de gêneros previamente presentes em tais ordens sociais, como visto no capítulo anterior.

Os tratados teóricos, por apresentarem as danças ou bailes com suas estruturas, técnicas e origens, são complexos na forma e específicos no conteúdo, o que não incentivaria a produção de materiais mais breves deles nem por parte dos livreiros- editores, os quais priorizavam

210 Segundo a autora Maria Moreno, na Espanha há o *Manuscrito de Cervera*, 1496. (Archivo histórico Comarcal, Lérida); da Itália, Domenico da Piacenza, mestre e organizador de muitos bailes de corte, escreve, em 1420, *De Arte Saltandi e Choreas Ducendi*; e na França aparece o *Manuscript des Basses Danses de la Bibliothéque de Bourgogne*, de 1470, que fora encontrado em 1523 no inventário da coleção de Margarida de Áustria. MORENO, op. cit., pp. 165-168 passim.

211 Ibidem.

212 MORENO, op. cit., 168.

gêneros que já tinham uma tradição (oral ou escrita) entre o povo, como os romances, nem por parte da Igreja, como pôde ter ocorrido com os tratados morais, pois os tratados teóricos não tinham a moral como fim, apesar de apresentá-la em seus argumentos, como será visto. Ainda, os três tratados teóricos que serão aqui trabalhados, de Fabritio Caroso, Arbeau Thoinot e Esquivel Navarro, além de apresentarem dedicatórias a pessoas da elite, justificam o exercício de bailar ou dançar em seus prólogos sempre a partir de reis e nobres ou para esses.

Assim, Caroso dedica seu tratado "[...] alla Seren. Sig. Bianca Capello de Medici, Gran Duchessa di Toscana [...]"[213] e argumenta sobre o baile ser conveniente à pessoa nobre: "[...] è parte de quella imitatione, che rappresenta gli affetti dell animo co movimenti dell corpos oltre che conviene talmente à persona nobile"[214].

O editor de Thoinot dedica a obra à própria família do autor, que era parte da nobreza, "[...] a maistre Guillaume Tabourot, filz de noble homme & sage maistre Estienne Tabourot, Conseillier du Roy nostre sire & son Procureur au Baillage de Dijon, sieur des Accordz [...]"[215], e Thoinot exemplifica danças comandadas por reis e príncipes,"[...] les Roys & princes, commandent dances & mascarades, pour festoier, recepvoir, & faire recueuil joyeux, aux seigneurs estrangiers [...]"[216].

Quanto a Esquivel, dedica seu tratado "[...] a Don Alonso Ortiz Zuñiga Ponce de Leon y Sandoval, hijo primogenito del Marques de Valdenzinas, y sucessor en su Casa, Estado, y Mayorazgos [...]"[217], e assegura seus ensinos a partir dos mestres da corte,"[...] y verá la dotrina que guardan los insignes Maestros que oy ay, assi en la Corte"[218].

Desse modo, conclui-se que todos esses tratados eram voltados às elites, já que não justificavam, em nenhum momento, bons exemplos das práticas a partir de plebeus ou para esses. Logo, as práticas que tratam também eram voltadas às festas e ambientes daqueles grupos sociais.

Embora apresentem repertórios diversificados, os passos comuns entre os tratados do XV se mantêm nos posteriores. Além disso, as abordagens semelhantes entre os tratados quinhentistas ampliam as dos an-

213 CAROSO, op. cit., Intro.

214 Ibidem, Al Lettori.

215 THOINOT, op. cit., Frontispice et Dédicace.

216 Ibidem, Considérations sur la Dance.

217 ESQUIVEL NAVARRO, op. cit., Title Page.

218 Ibidem, Al Lector.

teriores, de tradição francesa, para repertórios específicos de suas e de outras regiões, mostrando, com isso, o aumento da troca de informações sobre danças e bailes entre as regiões e países europeus. Dessa forma, tratados franceses e italianos, principalmente, levam a *espanholeta* e a *gallarda espanhola* a seus países, assim como a Espanha traz a *pavana italiana* e a *dança baixa*[219].

Juan de Esquivel Navarro publica, na Espanha de 1642, a obra *Discursos sobre el Arte Del Danzado*[220], destinada a explanar a nobreza e a ciência desse exercício, assim como a dedicação e o estudo de quem o ensina. O autor, discípulo do mestre de dançar de Felipe IV, Antonio Almenda[221], aconselha a apredizagem dessa arte liberal, definida assim por Homero[222], a pessoas importantes.

Para Esquivel, as danças devem ser honestas e louváveis, o que será visto mais adiante; ainda, é imprescindível que pessoas importantes procurem mestres científicos, os quais já tenham suas escolas, pois os demais são "Mequetrefes", "gente de baja suerte":

> Los Maestros que tienen escuelas abiertas, o las han tenido, son efectivamente Maestros; y los que no, no hay que hacer mención de ellos; porque a éstos les llamo yo Mequetrefes, por ponerse a enseñar sin fundamento, huyendo de las Escuelas, por no ser juzgados en ellas de los que entienden del Danzado [...] Y lo peor es, que muchas personas principales, sin conocer estos sujetos, se valen de ellos para mostras sus hijos, por parecerles que enseñan a menos costa, o por no saber que hay Maestros más científicos [...][223].

Por ora, a menção ao tratado de Navarro tem o objetivo de apontar, junto com os tratados anteriores, essas breves considerações contextuais que contribuíram na produção de outros textos, também fontes desse capítulo, que tratam de festas elitistas, das formas como eram praticadas seus bailes e danças e dos mestres de dançar que eram essenciais para sua aprendizagem. Mas também o tratado será dialogado com tais fontes, assim como os tratados de Arbeau Thoinot e de Fabritio Caroso,

219 Ibidem, pp. 169-171.
220 Juan de Esquivel Navarro, op. cit.
221 Ibidem, folha de rosto.
222 "Homero en su libro afirma,que el Dançado es arte liberal, y lo dize com estas razone: Es el Dançado arte liberal entre las cosas del gusto." Ibidem, p. 3.
223 Esquivel Navarro, op. cit., p. 24.

a fim de obter mais informações sobre bailes e danças apresentados naquelas.

Através dessa perspectiva, portanto, a análise será iniciada com os documentos mais focados nos grupos sociais que deveriam agir como modelo de discrição e de boa conduta aos subalternos, de acordo com os ideais cortesãos que se constituíam na Espanha seiscentista.

Dentre as fontes encontradas, a comédia *El Maestro de Danzar*, de Lope de Vega, apresenta informações mais detalhadas não somente dos tipos de danças realizados em festas aristocráticas, mas também de opiniões, ideias e julgamentos sobre essas práticas e seus praticantes, o que contribui de forma considerável na análise sociocultural do tema por meio desses discursos.

O protagonista da comédia de Lope é Aldemaro, um fidalgo que, ao voltar da guerra em Flandres para sua casa em Lerim, fica um dia na cidade de Tudela, onde vai à festa de bodas de Feliciana. Na festa, Aldemaro se apaixona por Florela, irmã da noiva, que é filha de "Alberigo, Caballero rico y noble"[224]. Por sua paixão, Aldemaro decide ficar na cidade e servir à Florela, fingindo-se de mestre de dançar, já que aprendera esse exercício em sua estadia em Nápoles, onde, inclusive, obteve fama por tal prática[225]. Contudo, seu padrinho Ricaredo repreende-o, dando início ao seguinte diálogo que discute a nobreza de tal exercício e de quem o ensina:

> Aldemaro: Poder en su casa entrar/ para enseñar á danzar.
> Ricaredo: Demonio debes de ser.
> Aldemaro: No siendo aqui conocido/ ¿Qué dificultas
> Ricaredo: Que dés/ mas ocasion, se eso es,/ a ser menos bien nacido; que si ese oficio ejercitas,/ ya pierdes de tu nobleza.
> Aldemaro: Antes á la gentileza/ la maior nobleza quitas./ ¿Que pluma, aguja ó pincel/ me ves tomar en la mano?
> Ricaredo: Que es oficio es caso llano.
> Aldemaro: Ni aun tiene que ver con él./ ¿Sabe el Rey, sabe la dama,/ pintar, vestir ó coser,/ sabe cortar ó tejer/ o cuanto oficio se llama?
> Ricaredo: No lo sabe.
> Aldemaro: Pues adverte/ que todos saben danzar:/ luego no se ha de llamar/ quien lo enseña, de esa suerte./ Lo que han de saber por fuerza/ Cuantos nacen, no es oficio/ ni mecánico ejercicio[226]

224 Lope de Vega, El Maestro de Danzar, op. cit., p. 72.
225 Ibidem.
226 Ibidem, pp. 72-73.

A passagem mostra uma tensão social em que um aristocrata desconsidera as danças como práticas nobres, as quais, em sua opinião, podem levar à perda da nobreza da pessoa que as pratica, pois são ofícios. Ao mesmo tempo, outro nobre, que já aprendera tais práticas, as considera como de grande nobreza, porquanto são realizadas por reis e damas, não podendo ser reputadas como meros ofícios ou exercícios mecânicos, logo, nem seus mestres ser considerados daquela sorte que coloca Ricaredo, isto é, sem nobreza.

A tentativa de colocar as danças como algo nobre, já manifestada no final do século XVI, quando da publicação da obra de Lope, tem continuidade e grande demonstração em 1642, na obra de Esquivel Navarro. Dessa maneira, o autor inicia-a com uma dedicatória a Felipe IV, em que, além de oferecer seu tratado e seus ensinamentos a proveito de soberanos reais, comenta a destreza e a graça que o rei da Espanha havia conquistado no entretenimento da dança:

> Los Celebres Pintores comunmente tienen como estilo, ilustrar los admirables de sus pinturas cõ los realçados matices del oro, de mas superiores quilates, para que consiga entera perfeccion lo q sus manos obraron; governadas de la subtilidade de sus ingenios. Exemplo tan aplaudido de mi desseo, que a su imitacion ba sido forçoso valerme de la proteccion de V.S. para este pequeño Tratado tenga de grande los Soberanos reales que adquiere, ilustrado con el oro purisimo de su Nobleza, conocida tanto, que me escusa de ponderativos Elogios, puesto que para nadie se escribe lo que todos saben. El fruto primero es, que ha produzido la esterilidad de mi talento; pero nace con tan buen pie, que desde luego busca los de V.S. por hallar este Tratado en ellos su mayor perfeccion; pues demas de las partes excelentissimas que le adorna, que son inumerables, ha conseguido el gustoso entretenimiento de la Dança, con tãta destreza y gracia, que se conoce en V.S. sus mayores primores[227].

Observa-se no início do trecho a comparação que o autor faz da dança com a pintura, sendo que ambas podem atingir a perfeição com seus engenhos. Nesse sentido, Maria Moreno faz um paralelo entre essas áreas, no qual, mesmo não conseguindo comprovar uma ligação entre elas, argumenta que, assim como Esquivel Navarro formatara a dança como arte que necessitaria de mestres científicos, já no reinado de Felipe

227 Esquivel Navarro, op. cit., Dedicatória.

II, houve um memorial anônimo de pintores que mencionava a fundação de uma Academia, defendendo a pintura como arte, com doutrinas científicas:

> Los pintores de esta corte dicen que conociendo cuán necesario y forzoso sea el continuo y grande estudio en su facultad para poder dignamente pintar las imágenes sagradas, con la gravedad, hermosura y decoro que se debe, y el exceso de indecencias y errores que se hacen, por la falta de ciencia y demasía de ignorancia en los que los profesores de este arte, cosa tan escandalosa y perjudicial, y en que se debe poner muy grande remedio: y asimismo con la poca valentía y arte con que los más pintan, acordaron de fundar una Academia, a donde se enseñen científicamente la teoría y la práctica de ese arte, con los preceptos y reglas, y ejercicios necesarios, a imitación de la antigüedad y de lo que hoy se hace en las más partes de Italia, de donde han salido, y salen tan gloriosos efectos (honra de aquella nación)[228].

A perspectiva colocada sobre as danças apresenta, assim como na pintura, uma valorização social, na condição das danças serem providas de conhecimentos científicos, os quais as elevam à categoria de arte.

Outro aspecto de sua valorização é a necessidade de a nobreza aprender essa arte para suas festas, como manifesta os tratados de danças anteriores. Porquanto não saber dançar nessas ocasiões poderia levar ao constrangimento e ao desconforto, ou mesmo a ausência de danças numa festa poderia desagradar seus convidados, como mostra a seguinte passagem da comédia de Lope:

> Alberigo: Como no hubo quien danzasse,/ Cesaron los instrumentos.
> Tebano: Cuando no partan contentos/ Basta que yo lo quedase./ ¡Extraña ley de las bodas,/ Bien fuera de justa ley,/ que la del villano y Rey/ Por fuerza se bailan todas!/ Muérese ya el desposado/ Solo por irse á acostar,/ ¡Y quiere el outro bailar,/ Muy necio y regocijado!/ Baila y danza allá en tu casa,/ hasta que el suelo se hunda [...] Feliciana (noiva):

---

228 F. Calvo Serraller, Teoría de la pintura del siglo de oro. Cátedra, Madrid, 1991, p. 157, el texto reproduce el publicado por Gregorio Cruzada Villamil, "Conatos de formar una academia o escuela de dibujo en Madrid e el siglo XVII", El arte en España, núm. 132, 1866, p. 167 y ss.164. Idem, p. 159. Apud: MORENO, op. cit., p. 82.

Como és Tebano discreto,/ Quiere á las dos disculpar,/ Que por tu recogimiento/ No lo habemos aprendido.

Alberigo (pai da noiva): Falta de maestro ha sido/ y sobra de encogimiento. / Hoy he visto que era justo,/ y harto arrepentido estoy;/ Que os juro, á fé de quien soy,/ Que me diera extraño gusto;/ Que á las demás damas vi/ Con el brío y la destreza/ Acreditar su belleza,/ Y hacerla mayor ansí[229].

A discrição de Tebano, a que se refere Feliciana, é demonstrada em seu descontentamento com os convidados que deixaram a festa por não ter dança e baile, sugerindo que eles os fizessem em suas casas. Assemelha-se, ainda, aos discursos eclesiásticos ao colocar o adjetivo "louco" aos interessados em dançar e bailar. Para Alberigo, é parte do costume ter bailes e danças em qualquer ato festivo, portanto, exprobra o excesso de encolhimento do noivo que levaria àquela falta, ao responder às desculpas de Feliciana por seu discreto noivo.

A requisição às mulheres de aprender tal arte, apresentada no excerto, se manifesta também na comédia de Calderón, igualmente intitulada *El Maestro de Dançar*, em que o amado da protagonista, Dom Enrique, finge-se de mestre de dançar ao pai da donzela, Dom Diego, para, assim, poder ficar mais tempo ao seu lado. Nesse contexto, a amada Leonor explica ao pai sua necessidade de aprender a dançar:

> Como en la corte, señor,/ se usan tan poco las danzas,/ no aprendí esta habilidad;/ y hallándome desayrada/ en Valencia, donde están/ tan en uso, que no hay dama/ que no luzca en sus primores,/ pues cuando juntas se hallan/ todos sus divertimientos/ son saraguetes, que llaman/, sin los públicos saraos[230],/ en que suele caerse en falta/ de grave, ò de descortès,/ mayormente, se la saca/ persona de autoridade [...][231].

Embora a depreciação às práticas seja manifestada novamente em Lope na fala cômica do escudeiro Cornejo, as sentenças de Feliciana e de Florela, consentidas por seu pai, retomam sua valorização. Tal passagem caracteriza a depreciação vencida pela posição social do escudeiro com

229 Lope de Vega, op. cit., p. 73.

230 Segundo Cotarelo y Mori, os saraus eram danças mais sérias realizadas em pares nas festas reais. Emílio Cotarelo y Mori, op. cit., p. CCLX.

231 CALDERÓN, op. cit., pp. 20-21.

relação ao nobre Alberigo. Logo, manifesta-se uma inversão de valores com relação a discursos eclesiásticos vistos no capítulo anterior, pois, como salientado por Remón, a nobreza deveria ser o exemplo de boa conduta a seus subalternos. Na seguinte passagem de Lope, o interesse pelo mestre de dançar manifestado por representantes do topo hierárquico (Alberigo, Feliciana e Florela) é moralmente e indiretamente criticado por Cornejo, subordinado de Alberigo, o qual, além de associar o mestre à loucura, deseja que o diabo leve esse bêbado:

> Alberigo: ¿Quién queda en la sala?
> Cornejo: Pocos,/ Y esos ya se hubieran ido;/ Pero dicen que há venido/ Un emponedor de locos.
> Alberigo: ¿Cómo emponedor?
> Cornejo: Destos que dan en danzar,/ Que hasta allí puede llegar/ En galan airoso y diestro. [...]
> Cornejo: Haz las loucuras que sueles./ – Que se enojan los manteles/ Y se enfría la ensalada./ Cenad, y veréisle luego.
> Feliciana: Por mi vida que ha de entrar.
> Cornejo: ¿Querrás agora danzar/ Con mucho espacio y sosiego?/ ¡Oh, lleve el díablo el borracho![232].

A trama continua com a apresentação do mestre, o qual, ao contrário da perspectiva de Cornejo, é visto por Alberigo e Florela como fidalgo e nobre, respectivamente[233]. Em seguida, inicia-se o diálogo sobre os tipos de danças e bailes que Aldemaro ensina:

> Aldemaro: Sé una francesa nizarda/ Y sé una buena gallarda. (Ap. Menos que tu que me escuchas.)
> Feliciana: ¡Nizarda! ¿Qué danza és esa?
> Aldemaro: Del instrumento estoy falto./ Cabriola, abrazo y salto.
> Feliciana: ¿Cómo abrazo?
> Aldemaro: A la francesa (Ap. ¡Y cuál os le diera yo/ A la Española, mi bien!)
> Florela: Y esa gallarda ¿es también/ Francesa?
> Aldemaro: Señora, no,/ Es Navarra, y de Tudela;/ Que asi la suelo llamar,/ (Ap. Y aun estuve por nombrar/ que es la gallarda Florela.)
> Florela: ¿De aquí es?

232 Lope de Vega, op. cit., p. 74.
233 Ibidem.

Aldemaro: Digo que si,/ Y yo soy de aqui también, (Ap. Aunque el temor de un desden/ Me tiene fuera de mí.)/ Traigo una buena pavana,/ Que en mudanzas y tañido/ Nueva y diferente ha sido.
Florela: ¿De donde es?
Aldemaro: Napolitana./ Danzo tambien un furioso,/ Cuando me dan ocasion, (Ap. Y mas si los celos son/ El instrumento forzoso.)
Alberigo: Valenciana es esta danza.
Aldemaro: Verdad, dánzase en Valencia./ Pero es danza sin paciencia... (Ap. Cuando falta la esperanza.)
Cornejo: Por qué la faltaba á Orlando,/ Le llamaron el Furioso [...]
Feliciana: ¿Danzais torneo?
Aldemaro: Y sortija, (Ap. Y aun en la de hoy, por mi mal/. Mas premio tan celestial,/ Bien que me anima y rija.)
Florela: Ese habemos de aprender.
Aldemaro: Y ese os quiero yo enseñar,/ Porque en solo el tornear/ Consiste el mayor placer./ Una alemana es muy buena,/ Y un pie de jibao sin falta,/ Y una alta, por que es muy alta [...]
Tebano: Eso del pie de jibao/ Es extremado.
Alberigo: ¿A qué fin?
Tebano: Para cualquiera festin,/ Conversacion y sarao.
Florela: La baja le hace ventaja.
Aldemaro: La baja os enseñaré. (Ap. Aunque no sufre mi fe/ Imaginar cosa baja.)/ Bailes ay mil, y entre todos,/ La morisca, y mil tocados.
Feliciana: ¿Y en la cerdana?
Aldemaro: Extremados,/ Con lazos de varios modos[234].

A passagem citada expõe uma diferenciação entre danças e bailes, mas não expressa os motivos que os distinguem. Como visto no primeiro capítulo, as razões e os argumentos que os separam são diversificados e controversos; além disso, vários autores que estudam o período discutem e formulam classificações entre as práticas que também são distintas e, por vezes, contrapostas[235].

Maria Moreno faz uma síntese dessas classificações, das quais Deleito y Piñuela nomeia todas as práticas de danças e as diferencia entre *danzas de cuenta* ou de boa sociedade, *danzas de cascabel* ou descompostas e populares, e danças mistas que incluem características das duas anteriores.

234 Lope de Vega, op. cit., pp. 74-75.
235 Maria Moreno, op. cit., pp. 95-100.

Já Pfandl denomina as práticas de bailes, distinguindo-os em "bailes de salão", que coincidem com as *danzas de cuenta* ou de corte do autor anterior, bailes populares, que compreendem as *danzas de cascabel*, "bailes teatrais" como a *mogiganga*, a *jácara* e o *entremés*, nos quais também se inserem bailes populares, e, por último, "bailes profissionais" ou em grupo, em que os bailarinos são pagos, geralmente por autoridades, para realizá-los[236].

Apesar de as classificações se convergirem em alguns pontos, há outros casos em que elas se confrontam quanto ao conceito de uma mesma prática, como o *canário*, que é considerado, pelo autor Monreal, um "baile picaresco" de movimentos agitados, apoiando-se em Rodrigo Caro, enquanto Barbieri contrapõe essa afirmação e argumenta que o *canario* seria uma "dança de corte", de acordo com outras fontes como *Reglas de Danzar*, do século XVI, e o tratado de Juan de Esquivel[237].

Diante desses impasses, Maria Moreno busca uma hipótese para explicar as divergências entre os documentos. Apoiando-se em Cotarelo y Mori, a autora argumenta que uma mesma prática, como o *canario*, poderia ser representada das duas formas, dependendo da ocasião, podendo ser tanto baile como dança. Todavia, Moreno não prova a diferença que haveria entre essas representações de uma mesma prática, pois faz essa conclusão através de Cotarelo[238], sem mecionar fontes que as exemplifiquem, sendo que Cotarelo não menciona tal conclusão, apenas cita fontes que os denominam de ambas as formas, sem descrições que comprovem essa diferença:

> El Diccionario de autoridades dice: «Tañido músico de cuatro compases que se danza haciendo el son con los pies con violentos y cortos movimientos.—Puente: Epit. de D. Juan II, Ub. i,cap. 23 [...] Thoinot Arbeau (1589) habla también largamente de la *Dance des Canaries*... La manera de bailarla es como la describe Caroso. Salen juntos, y el hombre conduce á la dama al extremo de la sala y retrocede hasta donde empezó, mirando siempre á su pareja. Después la va á buscar haciendo ciertos passages (serán los batidos de pies), y retrocede como antes. La dama hace lo mismo ante él y se vuelve á su sitio, y ambos repiten sus idas y venidas.› [...] Los demás

236 Ibidem.

237 Ibidem, p. 112.

238 Ibidem, p. 113.

le citan unas veces como danza y otras como baile. Como tal le trae Cervantes en El rufián viudo^ al fin:
MÚSICO: Muden el baile á su gusto, que yo le sabré tocar: el Canario ó las Gambetas ó al Villano se lo dan... Escarramán. El Canario si le tocan, á solas quiero bailar [...]
En el entremés El alcalde Ardite, de Rojas, se dice:
Alc.: ¿Qué hacéis vos en la fiesta?
2°Alc.: Zapateo en una danza.
Alc.: ¿Veis que no pudiera ser? ¿Cómo zapateáis?
2°Alc.: Desta manera: «Cariarlo y bona rufa y fa; si mi padre lo sabe matarme lia[239].

As práticas podem ter sido representadas em diferentes circunstâncias, como o *canario* exemplificado na passagem de Cotarelo, que era realizado tanto nas festas aristocráticas, como nas peças teatrais, o que pode acarretar mudanças nas formas de representação. Porém, na passagem citada não há como provar isso, já que suas estruturas nas peças não são descritas, além de serem mencionadas como baile e como dança nas próprias peças que cita no final, de Cervantes e Rojas. Ainda, as peças mencionam as *puntadas* ou sapateados, assim como nos tratados teóricos de Thoinot e Caroso, apontados no excerto, mantendo o elemento que caracteriza o *canario*.

Mesmo que uma prática tenha formas variadas e seja representada em diferentes circunstâncias sociais, não significa que suas divergentes denominações estejam atreladas a tais condições como afirma Moreno[240]. Ao contrário da conclusão da autora, que afirma a ausência de confusão entre os termos baile e dança para uma prática nos tratados teóricos vistos, concluindo que as divergências estão conectadas às formas representativas e às circunstâncias sociais[241], os tratados teóricos de Caroso e de Arbeau Thoinot, como também é citado no início da passagem de Cotarelo, descrevem o *canario* de forma semelhante, mas o primeiro o chama de baile, e o segundo, de dança, como será visto. Ainda, pelo fato dos tratados circularem entre as elites, eles teriam suas práticas voltadas a esses mesmos grupos e a seus ambientes festivos.

239 Cotarelo Y Mori, op. cit., pp. CCXXXVI - CCXXXVII.
240 Maria Moreno, op. cit., p. 112.
241 Ibidem, pp. 95-113.

O que diferencia os tratados quanto ao *canario* são os detalhes dentro de uma mesma estrutura, pois, enquanto Caroso descreve um baile inteiro com todos os seus movimentos, posições, passagens e mudanças, Thoinot apresenta somente a estrutura, a cadência e a execução de movimentos específicos dessa dança, mas afirma que, mesmo oferecendo apenas a cadência e a execução de alguns movimentos em seu tratado, é possível fazer diferentes passagens e criar coisas novas. Trecho do baile *Canario* de Caroso:

IL CANARIO

IN LODE DELL ILLUSTRE SIG.(RA)
La Sig. Vittoria Santacroce
Borghese,
Gentildonna Romana.

Nel principiar questo Ballo, l'Huomo pigliarà la Dama per la man'ordinaria, & insieme faranno la Riuerenza minima, con due Continenze, una alla sinistra, l'altra alla destra [...] Quarta mutanza. Nella quarta mutanza, l'Huomo solo farà due Seguiti battuti semprecol piè sinistro, con tre battute preste, principiandole col piè destro, & un' altro Seguito battuto col sinistro, fiancheggiando un poco la persona il medesimo farà principiando col piè destro alla destra; & questo farà quattro volte; poi farà la Ritirata in questo modo, cioè, due Passi graui schisciati, & tre presti, principiando col sinistro; il medesimo farà principiandoli col destro: & se hauerà campo assai nella Sala, gli farà quattro volte: poi insieme faranno le medesime attioni dette di sopra, cioè, quattro Seguiti schisciati uolti alla sinistra, & due Passi presti innanzi, & la Cadenza. La medesima mutanza farà la Dama sola [...][242].

Trecho da dança *canaries* apresentada por Thoinot:

[...] Lors la Damoiselle en vient faire aultant devant luy, & aprez se recule en la place ou elle estoit, & continuent tous deux ces allees & reculements, tant que la diversité des passages leur en administre les moyens, notterez que lesdits passages sont gaillards, & neantmoins estranges, bizares, & qui resentent fort le sauvage[...].

---

242 CAROSO, op. cit., Canario.

Air des Canaries. — *Mouvements.*

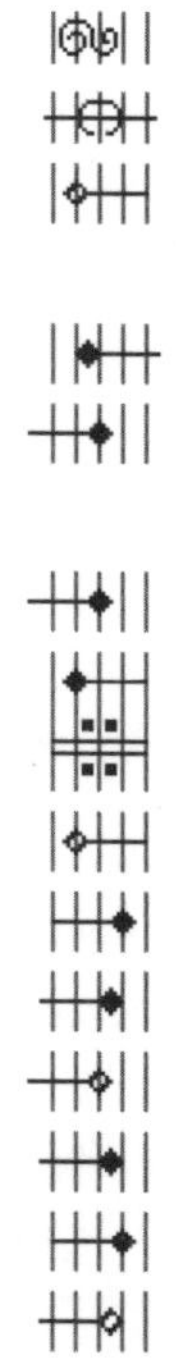

tappement du pied gaul. causant
pied en l'air d
marque-talon droit.
marque-pied droit.
(...)
marque talon gaulche.
marque-pied gaulche.

Le reste de c'est air est continué à dancer comme dessus, tant & si long temps que le danceur mect à aller jusques devant sa damoiselle & a retrograder, em demarchant jusques en sa premiere place ...[243] (grifo do autor)

Portanto, trata-se da mesma prática em ambos os casos, pois apresenta a mesma estrutura, ou seja, dança executada em casal, iniciando-se com "reverência", seguida de "passeios", com idas e vindas do casal em unir-se e separar-se e os mesmos movimentos de batidas e marcações de pés e calcanhares que caracterizam essa prática.

É importante observar que no trecho de Thoinot, o autor enfatiza as passagens dos dançarinos como vigorosas e não menos estranhas e selvagens. Além disso, nos dois tratados o bater os pés ou sapatear não se restringe ao homem, pois as mulheres fazem as mesmas mudanças e movimentos dos homens. Logo, baile não se diferencia de dança pelo

243 THOINOT, op. cit., cap. 23 - Morisques, Canaries et Pavane d'Espagne.

fato de esta se caracterizar por movimentos deslizados com solenidade e sobriedade, tendo apenas alguns casos em que o homem sapateia com mais agilidade, como argumentado por Maria Moreno[244], pois a mulher sapateia nas duas descrições do *canario*, e as passagens não são marcadas por sobriedade e solenidade, já que parecem selvagens.

Assim como o *canario*, a *gallarda* também é descrita pelos dois tratados de forma semelhante, mas no de Caroso está como baile, e no de Thoinot como dança. Caroso apresenta uma única *gallarda*, da Espanha, como já citado, em que se começa com "reverência", havendo os "passeios" do casal, e suas mudanças em que se executam os mesmos movimentos juntos, ou separam-se para fazer movimentos diferentes. Além dessa descrição, Caroso escreve os "cinco passos" como regra para a *gallarda*:

> Prima si fa vn Zoppetto col piè destro in terra, inarborando il sinistro innanzi; poi calando, si alza il destro indietro; & ponendo la punta di esso al calcagno del sinistro, si alza immantinente esso sinistro il quale calandosi al luogo doue si trouaua prima, si alza di nuouo il destro, ma dinanzi; & dopò abbassandolo, & tirandolo indietro, si fa la Cadenza, col darle gratia allargando alquanto le ginocchia, restando col destro indietro; Dopò per contrario si farà il medesimo, facendo prima il Zoppetto col sinistro, & inarborando innanzi il destro. Auertendo di tener sempre le gambe ben distese, con le punte de' piedi basse, & le braccia calate, ma pauoneggiandosi alle volte il destro; poi che brutta vista farebbe tenendolo sempre disteso; ne faccia mouimenti con le dita, & portila persona dritta, & la testa alzata[245].

Thoinot oferece vários tipos de *galharda* em seu tratado, *J'aymerois mieulx dormir seulette, &c.*, *Milannoise*, *L'ennuy qui me tourmente, &c.*, *Anthoinette*, *Baisons nous belle &c.*, *Si j'ayme ou non*, &c., *La fatigue*[246], em que, apesar de não mencionar a espanhola de Caroso, ou alguma com movimentos e sequências idênticos a essa, coloca uma estrutura geral para a *gallarda* que consiste na reverência, nos passeios, na presença dos "cinco passos" com algumas mudanças, e nas idas e vindas em que o casal se separa colocando-se nas extremidades da sala e depois se une novamente:

244 Cf. p. 58 do presente trabalho.

245 CAROSO, op. cit., Regola XXX – De i cinque Passi in Gagliarda.

246 THOINOT, op. cit.

> Ceulx qui dancent la gaillarde aujourd'huy par les villes, ilz dancent tumultuairement, & se contentent de faire les cinq pas & quelques passages sans aulcune disposition & ne se soucient pourveu qu'ilz tumbent en cadance: tellement qu'une grande partie de leurs meilleurs passages sont incogneuz & perduz [...] Cependant le danceur qui la suyvoit se venoit presenter devant elle, & y faisoit quelque passage en tornant s'il vouloit à droict, puis à gauche. Ce faict, elle marchoit danceant jusques à l'àultre bout de la salle ou ledict danceur l'alloit chercher en danceant, pour faire devant elle quelque aultre passage. Et ainsi continuants ces allees & ces venues [...] Lors il faisoit la reverence, prenant là damoiselle par la main en la remerciant, la restituoit au lieu ou il l'avoit prise[247].

Constata-se, ainda, que a diferença dos termos "baile" e "dança' entre os tratados não está conectada a suas regiões de origem (neste caso, França e Itália), pois, a exemplo da própria Itália, um antecessor de Caroso, Domenico da Piacenza, em seu tratado do século XV, *De Arte Saltandi e Choreas Ducendi, Dela Arte di Ballare et Danzare*[248], utiliza os dois conceitos para uma mesma prática; logo, a indefinição dos termos com relação às práticas já acontecia em uma mesma região:

> Belreguardo novo e va in homini dui et una dona in mezo e balasse sul canto del vecchio [...] E nota che quello che ando inanti nel principio de dicta danza rimane de drieto dela fine e volendo la rifare el compagno va denati fine a questa danza[249]
>
> La ingrata in canto. La ingrata a ballo e va homini dui cum una dona in mezo [...] e nota che li dicti homini e dona si retrovano nele poste loro come erano nel principio dela danza fazando uno movimento et e fine[250].

A distinção entre bailes e danças, verificada na obra de Lope, por conseguinte, não provém de uma regra concretizada nos tratados vistos,

---

247 THOINOT, op. cit., cap. 11 – Gaillarde – généralités.

248 Domenico da Piacenza. De Arte Saltandi e Choreas Ducendi, Dela Arte di Ballare et Danzare. Transcrição e tradução para o ingles por A. William Smith. In: *Fifteenth-century Dance and Music: treatises and music.* Hillsdale: copyrigh Pendragon Press, 1995. Disponível em: http://books.google.com.br. Acesso em: 03/07/2011.

249 Ibidem, pp. 28-30.

250 Ibidem, pp. 32-34.

assim como não se pode afirmar que tal distinção esteja atraleda às formas de representação ou às circunstâncias.

Destarte, a distinção de Lope se insere nos discursos com ideais cortesãos, vigentes na Espanha seiscentista, explanados no primeiro capítulo.

Enquanto os tratados de Thoinot e Caroso colocam uma mesma prática como dança e baile, respectivamente, esses conceitos, ainda que confusos, tomam formas mais moralistas e hierárquicas na Espanha. Mesmo que não se excluam os denominados bailes, são as práticas, nomeadas de danças, que se destacam no cenário aristocrata em alguns discursos.

Dessa forma, a comédia de Lope aponta variados nomes de danças, como *galharda*, *nizarda*, *canario*, *furioso*, *pavana*, *torneo*, *sortija*, *alemana*, *pie de jibao*, *baja* e *alta*, especificando apenas um baile, a *mourisca*. Assim como em Lope, na comédia *El Maestro de Danzar* de Calderón de La Barca, escrita décadas depois, a ênfase está nas danças, citando a *pavana*, a *baixa*, o *pie de gibao*, a *alta*, descrevendo-se uma *gallarda* de "cinco passos", e não mencionando um único baile[251].

No tratado de Esquivel, o próprio título já destaca a dança, fazendo uma apologia a sua história e à nobreza de tal arte e de quem a pratica. O tratadista aponta as danças que devem ser ensinadas em aula, citando as mesmas danças de Lope, *gallarda*, *alta*, *pavana*, *pie de jibao* e *torneo*, porém, inclui nesse repertório a *chacona*, o *rastro* e a *zarabanda*[252], que eram considerados bailes desonestos e lascivos, como verificado no primeiro capítulo.

Assim como Esquivel apresenta o ideal de nobres que queriam ver suas práticas separadas do resto da população, também compartilha de textos da Igreja para argumentar moralmente sobre as práticas honestas[253]. No entanto, mesmo utilizando o nome "dança" em grande parte de sua obra, em algumas passagens o autor utiliza o nome "baile" e não o diferencia da dança moralmente ou socialmente, "Y por mi intento es reprobar (como repruebo) todo movimiento ilícito dançando, o bailando; digo, que toda deshonestidad y

251 CALDERÓN, op. cit., p. 27.
252 ESQUIVEL, op. cit., p. 30
253 Ibidem, pp. 5-6.

descomposturas lascivas del cuerpo, desluce y desdora la persona que las obra"[254].

Ainda, ao citar as duas práticas num mesmo momento, podendo manifestar duas coisas diferentes, o autor não descreve essa diferença e nem especifica os tipos de práticas citados que seriam bailados e os que seriam dançados: "[...] a dançar y baylar quatro mudanças de Pavana, seis Passeos de Gallarda, dos mudanças de Folias, dos de Rey, dos de Villano, Chacona, Canario y Rastro, a mas hacer y a mejor parecer [...]"[255].

Apesar de voltar-se a preceitos da nobreza e da Igreja em sua obra, não diferencia baile de dança no aspecto moral e social, como os discursos do primeiro capítulo. Todavia, tais diferenças se manifestam nos conceitos de *dança de cascabel* [sic] e *dança de cuenta* [sic]:

> Todos los Maestros aborrecen a los de las danças de cascabel, y con mucha razón, porque es muy distinta a la de quenta, y de muy inferior lugar, y aún si ningún Maestro de reputación, y coa Escuela abierta se ha hallado jamás en semejante chapadanças, y si alguno lo ha hecho,
>
> no aurà sido teniendo Escuela, ni ha llegado a noticia de sus discípulos; porque el que lo supiere, rehusará serlo de allí adelante por las calles; y a estas danças llama por gracejo F. Ramos la <u>Tararía</u> (sic) del día de Dios: y el dançado de cuenta es para príncipes y gente de reputación, como lo tengo dicho, y probado en este Tratado[256].

Segundo Maria Moreno as *danzas de cascabel* são definidas de formas diversas pelos autores que estudam essa época, e também entre autores da época:

> Las danzas de cascabel eran numerosas y no paraba de crecer su número, Cotarelo recoge: [...] el Rastro, [...] la Zarabanda, [...] la Chacona [...] Esquivel desprecia las danzas de cascabel, y, sin embargo, algunas de las danzas que él incluye entre las que se deben conocer son consideradas por algunos de sus coetáneos (Cervantes, Lope de Vega [...] danzas de cascabel: Zarabanda, Chacona, Rastro [...][257].

---

254 Ibidem, p. 6.
255 ESQUIVEL, op. cit., p. 41.
256 Ibidem, p. 45.
257 MORENO, op. cit., pp. 97-99.

Apesar de o *rastro*, a *zarabanda* e a *chacona* serem citados como *danzas de cascabeles* por Moreno, não foram encontrados com essa definição em textos de Cervantes e Lope ou na obra de Cotarelo Y Mori citada pela autora. Cotarelo descreve-os como baile, mas em nenhum momento se refere a eles como *danza de cascabel* [258]. Ainda, quando o autor escreve sobre as de *cascabel*, não cita nenhuma dessas práticas:

> Otra clase eran las llamadas de cascabel, gordo ó menudo, muy antiguas, pero que duraron hasta fines del siglo XVII. Se usaban en las fiestas del Corpus. Cervantes (*Quijote*, II, XIX) alude también á ellas: «Tiene asimismo maheridas danzas, así de espadas como de cascabel menudo, que hay en su pueblo quien los repique y sacuda por extremo[259].

Contudo, as três práticas ainda apresentam uma contradição entre o discurso de Esquivel e os da Igreja, pois Esquivel insere-os entre as *danças de cuenta*, já que constam no repertório das práticas que ele cita como executadas pela nobreza e gente de boa reputação; por outro lado, tais práticas foram colocadas por textos da Igreja como bailes plebeus, lascivos e desonestos, o que foi visto no primeiro capítulo.

Como já mencionado, Maria Moreno argumenta que algumas práticas foram representadas de formas diferentes e em ambientes distintos, por isso, teriam conceitos diferenciados, citando outros exemplos, além do *canario* visto, como o *villano*, a *chacona* e a *zarabanda*.

Assim, a autora cita uma passagem do tratado em que Esquivel descreve o *villano*, mostrando sua característica aldeã, "[...] dando a cada segundo passo, y salto para el tercero apastoradamente; de manera que se reconozca que se remedan las Mudanças de las Aldeas"[260]. Em seguida, a autora compara com fontes que o tratam como baile, as quais não apresentam descrições[261]; logo, não é possível compará-las com a descrição de Esquivel.

Quanto à *chacona*, a autora cita vários autores e fontes que a colocam como baile ou dança com as mesmas características apontadas pelos discursos eclesiásticos, ou seja, sensualidade, com movimentos lascivos e

---

258 COTARELO Y MORI, op. cit., pp. CCXL-CCXLII, CCLVIII, CCLXV--CCLXXI.

259 Ibidem, p. CLXX.

260 Ibidem, p. 23.

261 Cf. MORENO, op. cit., p. 116.

decompostos, citando um único caso em que teria tomado outra forma: "Horts afirma que la Chacona fue 'adoptada por los franceses, quienes la transformaron en una danza social', siendo como tal una danza lenta, solemne, en compás ternario 3/4, parecida a la Zarabanda"[262]. Como Esquivel não atribui sua *chacona* à forma francesa, provavelmente, trata-se da forma espanhola já abordada. Por último, quando trata da *zarabanda*, Moreno afirma que, em alguns casos, a influência dos bailes populares era tal que estes não mudavam suas particularidades originais quando adotados na corte:

> En 1617 Francisco Fernández Caso, en sus Crónicas de las fiestas organizadas en la villa de Lerma por el Duque de Lerma, relata que se bailo el Turdión, la Zarabanda, Folías, el Duque de Florencia y el Escarramán, "mezclando pasos de danças de cuenta entre alegres bailes de castañuelas...". Volvemos a observar en este testimonio que la influencia de algunos bailes populares era tal, que eran adoptados en la corte y refinados sin perder sus particularidades originales y algunas de sus características más importantes [...][263].

Portanto, constata-se que, apesar de todas as ressalvas e conselhos sobre as práticas elitistas deverem ser honestas, louváveis, nobres e, em alguns casos, ser mencionado apenas o termo "danças", há entre as elites práticas consideradas lascivas, desonestas e plebeias.

Se nas obras citadas de Lope e Calderón, em que tratam de ambientes elitizados, o termo "dança" é soberano, há obras em que os bailes aparecem mais entre pessoas da elite, porém, elas estão mescladas com outras ordens sociais, e encontram-se em situações e conjunturas que não estão nos ambientes aristocráticos.

---

262 HORST, Luís. Formas preclásicas de la danza, Ed. Universitaria de Buenos Aires, Buenos Aires, 1966, p. 101. Apud. Moreno, op. cit., p. 130.

263 MORENO, op. cit., pp. 124 -125.

3. 1. Encontros de diversas ordens sociais na execução de práticas

Há três novelas de Cervantes em que se destacam os bailes, dos quais participam também pessoas da aristocracia. Desse modo, *La Gitanilla*, *La Ilustre Fregona* e *El Celoso Extremeño* apresentam elementos comuns em seus enredos, que parecem permitir a realização de bailes por essas pessoas, ou seja, as burlas a regras ou convenções sociais representadas pelo roubo da filha do *Corregidor* por uma cigana, na *Gitanilla*, pela aventura de filhos de "caballeros principales y ricos"[264] à vida picaresca, na *Ilustre Fregona,* e pela tentativa de um *virote*[265], filho de um dos mais ricos vizinhos que havia na nomeação, em conquistar uma jovem casada com um rico senhor, vinda de família nobre, ainda que pobre[266], em *El Celoso Extremeño.* Com isso, tais burlas acabam por desencadear situações em que os personagens vindos das camadas elitistas, vítimas ou causadores do engano, deparam com pessoas ou ambientes de ordens sociais subalternas, em cujas ocasiões ocorrem os bailes.

A novela *La Gitanilla*, por apresentar um maior número de cenas com bailes, será o ponto de partida para a análise. Assim, a protagonista da história é uma jovem que, apesar de cigana, é cortês, honesta e discreta, o que se opõe à caracterização que Cervantes faz aos ciganos no início da novela:

> Parece que los gitanos y gitanas solamente nacieron en el mundo para ser ladrones: [...] y la gana del hurtar y el hurtar son en ellos como ac(c)identes inseparables, que no se quitan sino con la muerte. Una, pues, desta nación, gitana vieja, que podía ser jubilada en la ciencia de Caco, crio una muchacha en nombre de nieta suya, a quien puso (por) nombre Preciosa, y a quien enseñó todas sus gitanerías, y modos de embelelecos, y trazas de hurtar [...] Y con todo esto, era algo desenvuelta; pero no de modo que descubriese algún género de deshonestidad; antes, con ser aguda, era tan honesta, que en su presencia no osaba alguna gitana, vieja ni moza, cantar cantares lascivos ni decir palabras no buenas [...] Salió

264 CERVANTES, *La Ilustre Fregona*, op. cit., p. 139.

265 Assim chamado entre eles, "hijos de vecino de cada colación, y de los más ricos della; gente baldía, atildada y meliflua", ibidem, p. 107.

266 Ibidem, p. 103.

Preciosa rica de villancicos, de coplas, seguidillas y zarabandas, y de otros versos, especialmente de romances [...][267].

O caráter de discrição de Preciosa, colocado nesse início da trama, prenuncia sua verdadeira condição social revelada no final da novela, uma aristocrata filha de *Corregidores*, a qual fora roubada, ainda criança, pela velha cigana que a tratava como neta. Da mesma maneira, sua forma de bailar e cantar traz um preceito essencial que a diferencia dos ciganos colocados como ladrões, a honestidade. Mesmo com desenvoltura e rica em *sarabanda*, que, como consta no dicionário de Covarrubias, "[...] es alegre y lascivo, porque se hace cõ meneos del cuerpo descompuestos [...]"[268], a jovem cigana não apresenta a lascívia.

Depois de ser criada em várias partes de Castela, Preciosa é levada por sua avó a Madri, onde se situa a Corte. A primeira entrada de Preciosa nessa vila é marcada por bailes e danças na festa religiosa de Santa Ana, em que a colocam como merecedora de ser filha de um grande senhor, lastimando por ser cigana, mas também, há um comentário argumentando que, quando ela crescer será igual a suas (ciganas), e compara-a com uma gentil "rede varredora" para "pescar" corações:

> De entre el son del tamborín y castañetas y fuga del baile salió un rumor que encarecia la belleza y donaire de la gitanilla, y corrían los muchachos a verla, y los hombres a mirarla. Pero cuando la oyeron cantar, por ser la danza cantada, ¡allí fue ello! Alli si que cobró aliento la fama de la gitanilla, y de común consentimiento de los diputados de la fiesta, desde luego le señalaron a hacerla en la iglesia de Santa María, delante de la imagen de Santa Ana, después de haber bailado todas, tomó Preciosa unas sonajas[269] [...] Unos decían: "¡Dios te bendiga la muchacha!" Otros: "¡Lástima es que esta mozuela sea gitana! En verdad que merecia ser hija de un gran señor." Otros había más groseros, que decían: "¡ Dejen crecer a la rapaza, que ella hará de las suyas! ¡A fe que se va añudando en ella gentil red barredera para pescar corazones!"[270].

---

267 CERVANTES, *La Gitanilla*, op. cit., pp. 61-62.

268 Baile já descrito em nota, cf. p. 33 do presente trabalho.

269 "Sonajas, un cerco de madera, que a trechos tiene unas rodajas de metal que se hieren unas con otras, y hacen un gran ruydo." COVARRUBIAS, op. cit., letra G a Z, p. 33.

270 CERVANTES, *La Gitanilla*, op. cit., pp. 64-67.

Observa-se um contraponto aos discursos eclesiásticos do primeiro capítulo, o bailar e dançar em lugares sagrados. Porém, parece permissivo por se tratar de uma cigana religiosa, que, em louvor à Santa Ana, manifesta sua religiosidade através do que sabia fazer de melhor, bailar e cantar. Sua condição de cigana também a permite realizar os bailes, que não são recomendados à aristocracia, origem de Preciosa.

Apesar das críticas feitas à cigana sobre sua sedução, no último comentário da passagem acima, Preciosa também recebe benção, e na segunda vez em que baila em Madri, ganha um "ilustre auditorio y grave senado"[271].

A sedução da cigana aparece novamente num poema escrito para ela cantar, que, diferentemente do primeiro comentário que o narrador coloca como grosseiro, em que a sedução é uma intenção de Preciosa, "rede" para pescar corações, no poema, sua sedução surge como algo inato, de sua natureza bela e não de sua intenção. Dessa forma, sua sedução e sua intenção não vão por um mesmo caminho, pois a primeira, vinda da beleza, traz morte, enquanto sua intenção, a desculpa:

> Gitanica, que de hermosa/ te pueden dar parabienes:/ por lo que de piedra tienes/ te llama el mundo *Preciosa* [...] Dices la buenaventura,/ y dasla mala contino;/ que no van por um camino/ tu intencion y tu hermosura./ Porque en el peligro fuerte/ de mirarte o contemplarte,/ tu intención va a desculparte,/ y tu hermosura a dar muerte[272].

Logo, mesmo a característica feminina mais malévola, tão repreendida em textos da Igreja, também é mais permissiva em Preciosa, pois é de sua natureza e não de sua intenção, já que, mesmo sendo cigana, é discreta e honesta.

Assim, os bailes de Preciosa tornam-se requisitados durante a trama, em que Preciosa sempre se reafirma como uma pessoa discreta. Nesse sentido, dentre o público que assiste a seu segundo baile em Madri, há um *tiniente*[273] que não ouve o romance cantado pela cigana até o final para não ir contra sua seriedade, entretanto, convida a cigana à sua casa para que sua mulher, Dona Clara, ouvisse-a.

---

271 Ibidem, p. 71.

272 Ibidem, p. 75.

273 Segundo o editor da obra, *tiniente* ou *teniente* significa nesse caso "diputado" ou "alguacil".

O comportamento do tenente apresenta dois aspectos daquele cotidiano, a vida pública e a particular de uma autoridade, em que, publicamente se mostra mais distante do canto da cigana, porém, admira-a e se aproxima dela na esfera particular, representada por sua casa, na qual somente se encontram, para ver Preciosa, sua mulher com as donzelas e donas, e a vizinha com as suas [274].

Em seguida, o tenente intenta levar Preciosa para que os reis vejam-na, pois é "pieza de reyes", ao que a jovem cigana responde: "– Quérranme para truhana y yo no lo sabré ser, y todo irá perdido. Si me quisiesen para discreta, aún llevarme hían; pero en algunos palácios más medran los truhanes que los discretos"[275]. A expressão "pieza de reyes" podia ser usada para tratar alguém como pícaro, ou também como se chamava o bufão ou o *truhán*[276], o que explica a reação da cigana em se posicionar como uma pessoa discreta e negar tal convite.

Em outro momento, Preciosa é convidada a bailar com suas companheiras. Desta vez, quem faz o pedido é um nobre que está na Corte pretendendo um cargo e à espera da decisão do rei para tal:

> Por vida de Preciosita que baileis un poco co vuestras compañeras; que aqui tengo un doblón de oro de a dos caras, que ninguna es como la vuestra, aunque son de dos reyes [...] Tomó las sonajas Preciosa, y dieron sus vueltas, hicieron y deshicieron todos sus lazos, con tanto donaire y desenvultura, que tras los pies se llevaban los ojos de cuantos las miraban, especialmente los de Andrés, que así se iban entre los pies de Preciosa como si allí tuvieron el centro de su gloria[277].

O nobre senhor é pai de Dom Juan que nessa passagem é referido como Andrés, o qual se apaixona por Preciosa e recebe tal nome pela cigana quando essa exige que ele vá viver entre os ciganos se quiser casar-se com ela. Assim, Andrés foge para viver entre os ciganos a fim de provar seu amor por Preciosa.

Vivendo entre esse povo, Andrés é vítima de uma cilada feita por uma donzela que se apaixona por ele, a qual, para não deixá-lo ir embora, acusa-o de roubar suas joias. A caminho da prisão, o Alcaide diz mil

[274] Ibidem, p. 77.
[275] Ibidem, p. 82.
[276] Nota do editor, loc. cit.
[277] Ibidem, p. 84.

injúrias a Andrés, dentre as quais rechaça os bailes: "¡Mirad si estuviera mejor este bellaco en ellas, sirviendo a su Majestad, que no andarse bailando de lugar en lugar y hurtando de venta en monte!" [278].

Diante de toda a confusão que acontece, em que aparecem diversas pessoas para ver o ocorrido, inclusive os Corregedores, a avó de Preciosa decide contar toda a verdade para a Corregedora. Com isso, desfaz-se todo o engano, tanto da origem de Preciosa quanto do roubo de Andrés. Finalmente, os amantes casam-se, com os consentimentos dos pais, e voltam a viver no ambiente aristocrata, não havendo mais menção dos bailes de Preciosa nesse final.

Dessa maneira, os bailes realizados por uma jovem aristocrata, inclusive na igreja, nos quais se manifesta a sedução, ocorrem por consequência do engano causado pela velha cigana. Pois tal engano concede uma condição à jovem, vítima da burla, que lhe permite realizar tais práticas e mostrar uma característica feminina recalcada pela Igreja, já que, como cigana, ela estava à margem daquela sociedade e de suas regras. Todavia, sua discrição, honestidade e religiosidade, ao mesmo tempo, tornavam-na respeitada e requisitada naquela sociedade, as quais eram condições para seus bailes serem aceitos.

Na novela *La Ilustre Fregona,* ocorrem condições semelhantes às anteriores para que apareçam bailes com pessoas da aristocracia, ou seja, a burla a regras sociais. Dessa forma, o engano é realizado por dois jovens, filhos de cavaleiros ricos e principais de Burgos, que saem em busca de uma vida picaresca, deixando uma carta a seus pais dizendo que iriam sevir à guerra em Bruxelas.

No caminho da aventura, os jovens Carriazo, quem já tinha vivido como um pícaro[279], e seu amigo Avendaño, que estudara grego e latim, mudam seus nomes para Lope Asturiano e Tomás Pedro, respectivamente. Assim como seus nomes, alteram suas posições sociais, pois, ao ficarem numa pousada devido à paixão de Avendaño pela *fregona* (quem limpa, esfrega) daquele lugar, começam a trabalhar para o *Sevillano* em sua hospedaria, ficando Tomás Pedro (Avendaño) como *mozo del mesón* que cuidava da cevada e das palhas, e Lope (Carriazo) como *aguador*, que trazia a água do rio[280].

---

278 Ibidem, p. 124.

279 Nota do editor sobre casos frequentes em que filhos de nobres foram atraídos pela vida picaresca. Ibidem, p. 141.

280 Ibidem, pp. 157-159.

Com isso, há passagens em que dialogam os dois jovens sobre a paixão de Avendaño por Costanza (a fregona), paixão que é satirizada por Carriazo:

> - [...] ¡Bien cuadra un Don Tomás de Avendaño, hijo de Don Juan de Avendaño, Caballero lo que es Bueno, rico lo que basta, mozo lo que alegra, discreto lo que admira, con enamorado y perdido por uma freagona que sirve en el mesón del Sevillano [...] Pues ¿qué piensas hacer con el imposible que se te ofrece en la conquista desta Porcia, desta Minerva y desta nueva Penélope, que en figura de doncella y de fregona te enamora, te acobarda y te desvanece?[281].

Ao que Avendaño responde:

> – Haz la burla que de mí quisieres, amigo Lope, que yo sé que estoy enamorado del más hermoso rostro que pudo formar naturaleza y de más incomparable honestidad que ahora se puede usar en el mundo.
>
> [...] su belleza, su donaire, su sosiego, su honestidad y recogimiento, y me dan a entender que debajo de aquela rústica corteza debe de estar encerrada y escondida alguma mina de gran valor y de merecimiento grande[282].

No trecho, aparecem características de Costanza de recolhimento e honestidade, preceitos da discrição, e como na *Gitanilla*, o final do trecho manifesta um prenúncio de que a jovem pertence à aristocracia, algo maior do que aparenta ser. Mas, diferentemente da cigana Preciosa, Costanza não participa dos bailes que acontecem na pousada, nem mesmo assiste a eles, talvez porque, mesmo estando em uma posição social subalterna à aristocracia, não está à margem social como Preciosa, inexistindo permissão para distanciar-se tanto do recato que parece advir de sua condição original, já que, ao contrário de Costanza, as outras serviçais, Argüello e as duas galegas, participam dos bailes. Também compartilham dos bailes Lope e Tomás:

> Aquella noche hubo un baile a la puerta de la posada, de muchos mozos de mulas que en ella y en las convecinas había [...] Juntáronse

[281] Ibidem, pp. 162 e 164.
[282] Ibidem, pp. 164-165.

> muchos embozados, con más deseo de ver Costanza que el baile; pero ella no pareció ni salió a verle, con que dejó burlados muchos deseos.
>
> De tal manera tocaba la guitarra Lope, que decían que la hacía hablar. [...] Salga la hermosa Argüello,/ moza una vez, y no más,/ y haciendo una reverencia/ dé dos pasos hacia trás [...] y todos cuatro a la par,/ con mudanzas y meneos/ den principio a un contrapás[283].

Na passagem acima, Lope inicia um baile com estrututa e elementos semelhantes às práticas dos tratados teóricos, em que se iniciam com *reverencia*, formam-se pares e faz-se o *contrapasso*. Porém, tal estrutura é contestada por Barrabás (moço de mula) que pede a Lope que não os coloque em desenhos, e que toque *zarabanda*, *chacona* e *folia*: "No hay para qué nos metan en dibujos; toquen sus zarabandas, chaconas y folías al uso y escudillen como quisieren, que aqui hay presonas que les sabrán llenar las medidas hasta el gollete"[284].

Essa passagem de Cervantes representa o aristocrata como conhecedor das danças coreografadas de corte em oposição ao subalterno que prefere práticas sem tais desenhos, o qual também desconhece o *contrapasso* (elemento presente nas danças dos tratados teóricos). Mas, como já explanado, a *zarabanda*, a *chacona* e a *folia*, pedidas por Barrabás, também estão no repertório de Esquivel, dirigido à aristocracia. Ainda, segundo Moreno[285], Castellanos Lozada opina que a *folia* seria uma dança de corte que fora apropriada pelo povo; logo, novamente há a convergência das práticas entre distintas ordens sociais.

Assim como se distinguem as práticas nos grupos sociais, semelhantemente a discursos da Igreja que separam costumes nobres de plebeus, também há a vinculação que a Igreja faz entre a *chacona* e o demônio: "Requieren las castañetas/ y bájense a refregar/ las manos por esa arena/ o tierra de muladar [...] santígüense, y den al diablo/ dos higas de su higueral./ Escupan al hideputa/ por que nos deje holgar,/ puesto que de la chacona/ nunca se suele apartar"[286]. Porém, a associação que Lope faz é feita de forma divertida e descompromissada de qualquer advertência aos bailarinos, talvez, satirizando os discursos eclesiásticos que colocam a *chacona* como algo demoníaco.

---

283 CERVANTES, *La Ilustre Fregona*, op. cit., pp. 166-167.
284 Ibidem, p. 167.
285 MORENO, op. cit., p. 114.
286 CERVANTES, *La Ilustre Fregona*, op. cit., pp. 166-167.

O canto de Lope também expressa outra crítica aos recalques à *chacona* quando acusa esse baile, chamado de "nobre senhora", de entrar nas casas religiosas, inquietando a honestidade, sendo negado pelos mesmos que a adoram: "!Que de veces há intentado/ aquesta noble señora,/ con la alegre zarabanda,/ el pésame y perra mora,/ entrarse por los resquícios/ de las casas religiosas/ a inquietar la honesidad/ que en las santas celdas mora! ¡Cuánta fue vituperada/ de los mismos/ que la adoran!"[287].

Apesar dessas possíveis sátiras e críticas às moralizações religiosas sobre a *chacona*, mantém-se a restrição social no baile, expressada por alguns discursos da Igreja, ou seja, bailes pertencem aos plebeus, já que, entre os tributários da *chacona*, não são mencionados grupos aristocráticos, havendo somente pessoas que servem a outras (*fregonas*, *pajes* e *lacayos*).

Quanto ao conhecimento de Lope sobre a *chacona*, justifica-se pela vida picaresca que levara, já que, no início da novela a descrição desse tipo de vida mostra variadas informações que conotam uma vida de improvisos, representada pela fome, fartura, morte, e dentre tais elementos, apresenta "el juego siempre", "los bailes como en bodas"[288], como se tais práticas fossem abundantes naquele meio.

A associação dos bailes aos subalternos também é evidenciada na novela *El Celoso Extremeño,* em que são realizados pelas criadas e serviçais da casa, na primeira cena que aparecem:

> Llegóse la noche, y en la mitad della, o poco menos, comenzaron a cecear en el torno [...] Preguntó Luis quién y cuántas eran las que escuchaban. Respondiéronle que todas, sino su señora, que quedaba durmiendo con su marido, de que le pesó Loaysa; [...] Pues ¿qué diré de lo que ellas sintieron cuando oyeron tocar el *Pésame dello* y acabar con el endemoniado son de la zarabanda, nuevo entonces en España?[289].

A cena representa a primeira tentativa de Loaysa, o *virote*, em se aproximar de Leonora, que permanece trancada na casa construída como uma fortaleza por seu marido, Carrizales. Loaysa, dessa forma, finge-se de músico pobre para ensinar sua arte a Luis, eunuco que servia à casa de Carrizales, e também conquista as criadas com suas

287 Loc. cit.

288 CERVANTES, *La Ilustre Fregona*, op. cit., p. 141.

289 Ibidem, p. 115.

músicas, fazendo com que elas se deleitem nos bailes, inclusive no endemoniado som da *zarabanda.*

Por conseguinte, as criadas instigam Leonora, que "[...] andaba a lo igual a sus criadas, y se entretenía en lo mismo que ellas [...]"[290], a ouvir a suave música do pobre moço. Leonora adere à insistência das criadas e vai escondida do marido que dormia, mas o autor enfatiza que isso nunca seria de sua própria vontade:

> Vino la noche, y la banda de las palomas acudió al reclamo de la guitarra. Con ellas vino la simple Leonora, temerosa y temblando de que no despertase su marido; que aunque ella, vencida deste temor, no había querido venir, tantas cosas le dijeron sus criadas, ...que la pobre señora, convencida y persuadida dellas, hubo de hacer lo que no tenia ni tuviera jamás en voluntad[291].

Nesse primeiro contato entre Leonora e Loaysa, ele a convence de entregar-lhe a chave mestra para fazer uma cópia, com o pretexto de servir melhor à casa tocando suas músicas mais próximo a todos, pois Loaysa era ouvido e visto pelos criados através das frestas da porta[292]. Assim, o próximo encontro, em que ocorre o segundo e último baile, acontece dentro da casa de Leonora:

> [...] Levantáronse todas, y se comenzaron a hacer pedazos bailando. Sabía la dueña las coplas, y cantólas con más gusto que buena voz, y fueron éstas: ... Dicen que está escrito,/ y con gran razón,/ ser la privación/ causa de apetito;/ crece en infinito/ encerrado amor;/ por eso es mejor/ que no me encerreis,/ Es de tal manera/ la fuerza amorosa,/ que a la más hermosa/ la vuelve en quimera:/ el pecho de cera,/ de fuego la gana,/ las manos de lana,/ de fieltro los pies;/ que si yo no me guardo,/ mal me guardaréis[293] (grifos do autor).

Finalmente, todas bailam, inclusive Leonora, que está sendo vítima de um engano e, ao mesmo tempo, engana seu marido ao ir ao baile enquanto ele dormia. Diante disso, a letra do baile contextualiza as emoções de Leonora, que, sofrendo privação pelo marido, sente crescer uma

290 Ibidem, p. 105.
291 Ibidem, p. 118.
292 Loc. cit.
293 Ibidem, pp. 125-126.

força amorosa. Repete-se o verso sobre guadar-se, atitude de Leonora que prevalece no final.

Leonora é encontrada nos braços de Loaysa por seu Marido, mas ela resiste às forças do *virote*[294], e, ainda que seu marido a tenha considerado adúltera, ele não a culpa, pois as persuasões da criada e o requebro de um moço enamorado facilmente vencem o pouco engenho de sua pouca idade[295]. Por isso, sua participação no baile é enfatizada pelo autor como uma consequência do convencimento de suas criadas, já que Leonora costumava se entreter com elas, mostrando sua predisposição a acompanhá-las devido a sua pouca idade.

Assim como nas novelas anteriores, os bailes estão associados a camadas subalternas daquela sociedade, como criadas, serviçais, ou mesmo grupos mais marginalizados como os ciganos. Logo, pessoas de camadas mais elitizadas, como filhos de nobres cavaleiros ricos ou de nobres que ocupavam altos cargos públicos, como corregedores, somente se aproximam dos bailes nos casos de engano.

No entanto, se, por um lado, esse discurso é constante nas três novelas de Cervantes, há, por outro, a ressalva de que seus leitores são, em grande parte, pessoas mais elitizadas, já que a alfabetização era muito maior entre essas camadas do que nas subalternas, como visto no primeiro capítulo. Dessa maneira, volta-se a colocar o interesse das elites pelos bailes, mesmo que nas novelas estejam relegados a subalternos.

A própria forma que Cervantes apresenta-os concede uma atmosfera de diversão, deleite e até mesmo sensualidade, permitindo ao leitor se aproximar de tudo isso, mas, ao mesmo tempo, não o comprometendo, no caso das elites. Outra semelhante manifestação de Cervantes está em sua obra mestra, *Dom Quixote*, em que descreve uma longa cena com bailes e danças, mas, desta vez, são realizados por aldeões, destacando elementos bucólicos com figuras mitológicas nos bailes, em que algumas "bailadoras" utilizam flores nos cabelos e outras se vestem de ninfas:

> De allí a poco comenzaron a entrar por diversas partes de la enramada muchas y diferentes danzas, entre las cuales venía una de espadas [...] Y luego comenzó a enredarse con los demás compañeros, con tantas vueltas y con tanta destreza, que aunque Don Quijote estaba hecho a ver semejantes danzas, ninguna le había parecido tan bien como aquella.

294 Ibidem, p. 130.
295 Ibidem, p. 133.

> También le pareció bien otra que entró de doncellas hermosísimas, tan mozas... Tras esta entró otra danza de artifício y de las que llaman habladas. Era de ocho ninfas, repartidas en dos hileras [...][296].

As práticas descritas diferenciam-se das apresentadas nas novelas anteriores porque aqui elas são ensaiadas e coreografadas, com entradas e desenhos coordenados por um "beneficiado de aquel pueblo"[297], apresentando, com isso, o aspecto do espetáculo que já estava presente naquela sociedade, como será visto no terceiro capítulo.

Ainda, Cervantes traz para o leitor o ambiente festivo dos aldeões e suas práticas, dentre as quais a dança de espadas, considerada uma típica dança camponesa (ou de lavradores para alguns autores)[298] e ausente nos repertórios dos tratados teóricos vistos, a comprovar tanto a presença de danças entre os subalternos, quanto o fato delas não virem das elites para aqueles grupos necessariamente.

O que se destaca, dessa maneira, é a admiração com que Dom Quixote assiste às práticas aldeãs, como as melhores dentre todas as vistas por ele. Tal admiração é a perspectiva com que se narra o espetáculo para o leitor, permitindo que esse também seja espectador dos dançarinos com ricas e limpas vestes, das bailarinas moças, belas e honestas e da ligeireza de todos eles, inclusive dos anciãos[299].

A ação do autor em engendrar o receptor (leitor) da obra como espectador de bailes e danças de grupos subalternos também se manifesta em pintores da época, a exemplo dos estilos de costumes ou de *genre*[300], de influência flamenga, holandesa e belga, que constam no inventário do Alcácer de Madri:

---

296 CERVANTES. *O Engenhoso Cavaleiro D. Quixote de La Mancha.* Segundo Livro; tradução de Sérgio Molina, gravuras de Gustave Doré, apresentação de Maria Augusta da Costa Vieira; edição bilíngue. São Paulo: Editora 34 Ltda, 2007; p. 258.

297 Ibidem, p. 263.

298 Mª José Ruiz Mayordomo. Espectáculos de danza y baile. De la Edad Media al siglo XVIII". In: Historia de los Espectáculos en España. Coord. A. Amorós y J. M. Díez Borque, Castalia, Madrid, 1999, p. 304. Apud: MORENO, op. cit., p. 46.

299 CERVANTES. O Engenhoso Cavaleiro D. Quixote de La Mancha. Loc. cit.

300 Jacob Burckardt. *Rubens.* Tradución de Walter B.L. Bose. Buenos Aires: Emecé Editores, s.a., 1950; p. 241.

> The 1666 Inventory of the North Gallery in the Alcázar of Madrid. (14-17) Quatro pinturas de bara y media de alto y de largo bara y media de fiestas de billanos de flandes con marcos dorados tallados a dozientos dos de plata cada uma [...] (26) Outra de bara y media de alto y bara y quarto de largo de unas bodas de billanos en flandes en ciento zinqta dos de plata[301].

Pinturas flamengas foram expostas no Alcácer de Madrid na segunda metade do século XVII, adquiridas por Felipe IV no período em que Flandres estava sob domínio da Coroa Espanhola. Com a reforma religiosa na Europa setentrional, a pintura desvencilha-se dos temas de santos e imagens religiosas, criando-se, com isso, as pinturas de gênero que inclui aspectos cotidianos[302].

O pintor Jan Brueghel, herdando o estilo de seu pai, Pieter Brueghel, produz pinturas de gênero que mostram bailes campestres de aldeões. Segundo Hauser, essas pinturas, direcionadas às elites, eram tratadas como curiosidades da vida aldeã por nobres e burgueses[303]. Felipe IV aumentou a coleção de pinturas do Alcácer comprando, encomendando e ganhando obras de pintores flamengos, dos quais se destacam Jan Brueghel e Rubens. Esse último recebia encomendas diretas do Rei, também atuando na política do reinado, função que lhe fez viajar pela Espanha, sendo enobrecido por Felipe IV.

As pinturas de costumes representam cenas mundanas que, segundo Marcel Brion[304], articulam-se sob o pretexto de um baile ou de um concerto, tendo caráter ligeiro e equívoco, mostrando mais divertimento, em efeito, que as assembleias compassivas nos salões burgueses. Para o autor, essas pinturas seriam sintomas de uma reação não conformista contra o convencionalismo moral e religioso que reinava na sociedade holandesa, opondo-se à pintura religiosa e mitológica, a favor de figuras de heróis às avessas e do truculento bom humor das "classes inférieures"[305].

---

301 Steven N. Orso. *Velázquez, Los Borrachos, and Painting at the Court of Philip IV.* New York: Cambridge University Press, 1933.

302 Marcel Brion. *L' Age d'or de la Peinture Hollandaise.* Paris-Bruxellas: Éditions Meddens s.a., 1964, p. 135.

303 Arnold Hauser. *História Social da Arte e da Literatura.* Tradução de Álvaro Cabral. São Paulo: Martins Fontes, 2000; pp. 412 - 413.

304 BRION, op. cit., pp. 134-135.

305 Loc. cit.

Dentre as pinturas citadas no inventário de 1666, possivelmente estavam a obra *Baile campestre ante los Archiduques*, de Jan Brueghel, que se conserva no Museu do Prado, e a de Rubens, *Danza de personages mitológicos y aldeanos,* que fora adquirida por Felipe IV após a morte do pintor, e também se conserva no Museu do Prado:

BRUEGHEL, Jan; o velho. *Baile campestre ante los Archiduques.* 1623; óleo sobre lona, 130 cm x 266 cm. Museu do Prado.

Na obra de Jan Brueghel, manifesta-se uma cena cotidiana de festas no campo, cuja representação intenta manter elementos fidedignos daquele estilo de vida, como as roupas dos aldeões e a dinâmica de sua dança, que mostra movimentação, mas não tão rápida quanto à representada na obra de Rubens. Já na obra de Rubens, há uma mescla de estilos, em que aparecem figuras mitológicas[306] entre os aldeões: diferentemente de suas roupas tradicionais costuradas e abotoadas, segundo Burckardt[307], alguns estão com o torso quase ou totalmente descoberto, assim como a aldeã à frente, de vestido azul, que aparece com seios seminus, o que Rubens conserva da vestimenta das *pastorales italianas*[308],

306 A mitologia em Rubens é influência de Ticiano. BURCKARDT, op. cit., p. 204.
307 Ibidem, p. 242.
308 Loc. cit.

RUBENS, Pedro Pablo. *Danza de personajes mitológicos y aldeanos.* 1630-1635; óleo sobre tela, 73 cm x 106 cm. Museu do Prado.

e a figura masculina ao lado dela que está com seu tronco totalmente exposto.

Logo, a pintura de Brueghel parece mais próxima de um retrato, no estilo de gênero, enquanto a de Rubens, recebendo outras influências, exacerba os sentidos, como a sensualidade e a movimentação, com isso, trazendo outros elementos em sua representação inspirada numa festa aldeã.

A obra de Brueghel traz as elites como espectadoras tanto na própria cena que representa, estando os Arquiduques assistindo à dança aldeã, quanto na função de sua exposição; nesse caso, a obra teria sido exposta para as elites no Alcácer de Madri, assim como a de Rubens.

A atitude dos Arquiduques na obra de Brueghel tem uma relação com os camponeses semelhante à de Dom Quixote, que assiste aos bailes e danças das bodas de lavradores. Também as figuras mitológicas que aparecem no ambiente aldeão de Rubens, inspiradas na arte mitológica de Ticiano, têm seu aspecto assemelhado à cena descrita por Cervantes das aldeãs bailando vestidas de ninfas, em que, apesar das diferentes propostas dos autores, ambos concedem elementos que ressaltam os sentidos dentro daquelas práticas, como a beleza em Cervantes e a sensualidade em Rubens.

Outro aspecto semelhante entre esses autores é a ligeireza dos bailarianos que, citada mais de uma vez na cena do livro, manifesta-se também na pintura de Rubens através da intensa movimentação, concedendo essa ideia ao espectador a partir dos passos largos dos dançarinos, dos pés saltados como se estivessem correndo e de seus troncos inclinados como se estivessem sendo puxados pelo rápido baile.

O que se ressalta, portanto, é o interesse das elites nos costumes aldeões, neste caso, em seus bailes e danças que são vistos por aqueles grupos sociais em diversas ocasiões, como na leitura, na exposição de pinturas e na própria presença de tais ordens no ambiente aldeão, como representado na obra de Brueghel.

No espaço urbano também há festas em que participam várias ordens sociais, havendo, em alguns momentos, essa relação em que as elites são espectadoras de bailes e danças dos subalternos:

> Assim do Palacio como na Praça se fizeram tabernaculos nos quatro cantos, e no meyo trombetas, charamellas e atabales e danças; juntaram-se na Praça quatro da tarde, sahio logo a caminho de Palacio huma machina de hum carro triunfante com hum globo do mundo... Antes e após do carro hiam os Alguazis da cidade e côrte fazendo caminho sobre muy fermoso ginetes ricamente... Chegaram ao Palacio, onde correram diante de El-Rey e das Damas e d'ahi voltaram á Praça... Não gostei nada de huma inveção com que fizeram sahir aos Portuguezes de muyto gosto para os Castilhanos, e foy hum tabernaculo, que estava no meyo da praça, ao qual subiram hum mulato e mulata portuguez com adufe e pandeiro e com elles também hum doudo da corte, e todos tangiam e bailavam com grande riso dos rapazes, que cuidavam que aquillo he Portugal e, na mesma semana em huma procissão votiva da cidade, entre as demais danças fingiram huma de Portuguezes com mascaras e pandeyros, com capuzes e sombreyros [...][309].

309 Thomé Pinheiro da Veiga (Turpin). *Fastigimia* (1605). Reproducion em fac-símile da edição de 1911 da Biblioteca Municipal do Porto, pp. 41- 43.

A festa é relatada por um português que viaja à Espanha em 1605, o qual fica indignado com a satirização sobre seu povo quando entra a bailar dois mulatos portugueses e um doido da corte, provocando risos a quem assistia e havendo a ideia de que aquilo era Portugal. Como consta no relato, também assistia à festa o rei, participando também um Duque e alguacis da cidade e da corte. Logo, diferentes ordens sociais participam da festa, havendo o momento em que subalternos representam para ordens mais elitizadas, estando a própria realeza entre elas.

Logo, demonstra-se primeiramente que, apesar dos discursos que intentam separar as práticas tanto pela moral dos gestos quanto pelas ordens sociais, não há como provar tais diferenças quando se compara tais discursos aos tratados teóricos. Nos tratados teóricos, ocorre não só a denominação de uma mesma prática por ambos os conceitos, baile e dança, como também são realizadas práticas entre as elites, a quem são dirigidos esses tratados, que são consideradas plebeias e desonestas nos textos eclesiásticos. Ainda, a questão sobre uma mesma prática ser realizada em diferentes ambientes e de forma diversificada não consta nas fontes; ao contrário, apresentam-nas com as mesmas estruturas e elementos nas sequências dos passos.

Além dessa convergência que acontece entre diferentes ordens sociais no aspecto cultural das práticas, também se observa que, em alguns discursos, como nas novelas e nas comédias, ao mesmo tempo que os bailes são relegados aos subalternos, enquanto as danças são remetidas às elites, a própria difusão dos bailes em quatro novelas de Cervantes manifesta o interesse dos leitores, mais elitizados em sua maioria, por essas práticas. Porém, os leitores das elites não se comprometem com tal interesse a partir do momento em que os discursos das novelas relegam os bailes aos subalternos, mostrando situações de burla quando alguém da elite aproxima-se deles.

Por outro lado, há casos em que tal interesse é manifestado sem pretextos de burla para as elites aproximarem-se dos bailes, como nas pinturas expostas no Alcácer de Felipe IV. Nesse sentido, a pintura de Brueghel tanto representa uma cena em que Arquiduques assistem a bailes camponeses, quanto é exposta por Felipe IV às elites e a sua nobreza, que veem a obra. Assim também ocorre na festa relatada em Fastigimia, na qual, subalternos bailam e o rei assiste a eles.

A partir das considerações desse capítulo, observa-se que as denominações, baile e dança, não definem ou diferenciam as práticas e tampouco quem as executa. Todavia, na Espanha seiscentista, criam-se vários discursos que tentam diferenciar as práticas e seus conceitos, através de causas morais e princípios hierárquicos, e, com isso, a denominação "baile" sofre mais recalque do que o nome "dança", como visto também no primerio capítulo. A hipótese para essa maior repreensão aos bailes é que tal denominação seria mais utilizada nas práticas e, consequentemente, circularia mais nos diversos grupos sociais e culturais do que o nome "danças", já que bailes são realizados em diversos grupos e em variadas ocasiões, como nas aldeias, nas festas elitizadas, nas festas públicas e, inclusive, dentro da igreja.

Logo, discursos reformadores apropriam-se mais desse nome do que de danças para atingir as várias ordens. Assim, quando se dirigem às elites, utilizam do próprio ideal que elas buscam, a separação de seus costumes com relação aos dos subalternos, a para restringir suas práticas às danças, denominação menos utilizada pelos grupos sociais, e relega o nome "bailes", que a princípio circularia entre as diversas ordens, aos plebeus, para com isso, ter uma maior efetivação da reforma nas elites.

Dessa forma, se na teatralização das práticas os bailes se sobrepõem às danças, tal ocorrência não se efetiva devido a uma necessidade do barroco em ampliar os sentidos através dos movimentos mais sensuais e exacerbados dos bailes, como afirma Moreno[310], já que, pelos documentos analisados, essas características foram atribuídas a esse nome devido aos interesses discursivos, não havendo provas de que tal denominação restringia-se a práticas com tais características. Com isso, conclui-se que a predimonância dos bailes na teatralização é devida à demanda que já existia por tal nome em vários grupos sociais.

Nesse sentido, tal demanda justifica a utilização do nome "baile" na comercialização dos teatros, o que implica agradar o público que paga para assistir a eles. Ressalta-se, ainda, que além da atribuição do nome "baile" às práticas teatralizadas, surge também, nessa época, o gênero teatral baile, que será tratado no próximo capítulo.

---

310 Cf. p. 59 do presente trabalho.

Portanto, se as divisões sociais e morais, colocadas em discursos, fossem concretas ou efetivas naquela sociedade, os bailes não teriam, além de sua preponderância sobre as danças, sua crescente manifestação em teatros de corte, chegando a ser a atração principal dos *entremeses* representados para essa, os quais se tornam meros pretextos, perdendo suas formas e enredos mais complexos, para enfatizar as intricadas coreografias que vão se aperfeiçoando nos bailes teatrais ao longo do XVII.

4. Teatralização

A principal temática quanto aos bailes e às danças do século XVII é a sua teatralidade, que se desenvolve e se intensifica no decorrer da época. Formas variadas e gêneros diversos são criados ou adaptados para incluí-los nos tablados, como *loas*, *entremeses*, bailes (dramático), e *mogigangas*. As manifestações dessas práticas, que já apresentam uma grande variedade nas últimas décadas do século XVI, também variam seus argumentos de acordo com seu público local.

Dessa maneira, de acordo com Moreno[311], em espaços externos abertos, como praças e ruas, onde os espetáculos podem ser vistos pelas diversas ordens sociais, as festas e as representações religiosas, como a de *Corpus*, são recorrentes.

Nos ambientes particulares, como os jardins dos palácios, onde os espetáculos são voltados a nobres, ou nos colégios e universidades, cujos estudantes e clérigos também fazem parte da nobreza, são recorrentes os temas da antiguidade clássica. Tais espetáculos antendiam à cultura elitizada, grande tradição, e faziam parte do ensino dos estudantes.

Quanto aos espaços internos, como casas e salões de pessoas da elite ou da realeza, os temas da antiguidade greco-romana também eram frequentes, não se restringindo, contudo, à temática clássica, havendo enredos relacionados ao vulgo, como as histórias campesinas, o que ocorria desde o final do século XV, como será visto mais adiante.

Por último, os espaços comerciais, construídos como lugares fixos para a encenação das peças teatrais, contribuem para a intensificação dos espetáculos, abrigando e acatando o gosto de uma

311 MORENO, op. cit., pp. 190-228.

grande massa que abrangia várias ordens sociais, necessitando, portanto, diversificar suas representações e temas, pois, para responder a esse público eclético, teriam que, além de entreter e divertir, provocar a admiração intelectual[312].

Tal diversificação nas representações desenvolve novas formas de encenação, como a nova comédia e os gêneros breves que a acompanham, nos quais se intensificam a presença de bailes e danças ao longo do século XVII.

Ressalta-se que a espetacularização das práticas do século XVII não é inédita, pois os jograis medievais também já apresentavam esse aspecto: "[...] Juglares eran todos los que ganaban la vida actuando ante un público para recrearle con la música o con la literatura o con la charlatenería o con juegos de manos, de acrobatismo, de mímica, etc."[313]. Alguns jograis, inclusive, detinham postos fixos para servir a trovadores em palácios, recebendo salário mensal em dinheiro ou vestes[314].

A função dos jograis era entreter e divertir seus observadores, constituindo-se como grupos que viviam desse ofício, havendo, inclusive, contratos para tocarem em festas religiosas, "[...] Eadem die yo Mahoma el Marruequo moro tamborino habitant en la villa de Epila me firmo con vosotros los moços jodios de la villa de Epila por serviros de juglar e sonar de tamborino [...]"[315], e também bailarem, "[..] Et no res menos prometemos et nos obligamos que siempre que por vosotros seremos clamados a vaylar en los suso dichos dias de fiestas [...]"[316]. Logo, tais relações podem ter contribuído para a intensificação do espetáculo do final do XVI e início do XVII, assim como para a especialização dos atores.

312 Loc. cit.

313 Ramón Menéndez Pidal: Poesía juglaresca y juglares. Orígenes de las literaturas românicas, Col. Austral, Madrid, 1990, pp. 26, 98 y 143. Apud: Pilar Pérez Viñuales, op. cit., p. 207.

314 Loc. cit.

315 Francisco Macho y Ortega. Condición Social de los Mudéjares Aragoneses (siglo-XV). In: Memorias de La Facultad de Filosofía y Letras de Zaragoza, I, Zaragoza, 1923. Apud: Ibidem, p. 211.

316 AHPALDG (Archivo de Protocolos Notariales de Zaragoza y La Almunia de Doña Godina, Zaragoza), Miguel Contín, nº 269, fols. 31-32. Apud: ibidem, loc. cit.

Outro aspecto dos jograis que se mantém nas manifestações de espetáculos é a gama de habilidades em que se incluem a apresentação de músicas, canções e gestos, que eram utilizados nas próprias festas religiosas, a exemplo de criações plásticas e literárias que evocavam danças e músicas celestiais[317].

Apesar de a questão sobre o fim dos jograis não ser tratada neste trabalho, assim como suas transformações e adaptações aos novos espetáculos, consideram-se mantidas algumas de suas características nas apresentações quinhentistas, uma vez que a existência de contratos do final do século XVI sobre os espetáculos coreografados por Ostia para as festas de Nossa Senhora de Assunção, em Toledo de 1551, denota a convergência que há entre música e gestos, como uma representação a ser vista durante a festividade. Além disso, indica que o pagamento dos músicos, bailarinos e sapateadores fora custeado por Ostia e Herrera:

> [...] Item para acompañamiento destas danzas irán tañendo un tamborino, y, si se puede hallar, una gaita de Sayago, y no le hablen do, irán dos tamborinos. Item para más demonstración del Baco, irán en las Danzas adornado de cosas á ello necesario con una ó dos monas vivas del natural. Item se ha de hacer todo esto segund es declarado á costa de los susodichos Diego déla Ostia y Melchor de Herrera, sin que se les haya de dar cosa ninguna, así para los vestidos como para los mantenimientos y jornales de los bailadores y zapateadores." Por todo, 84 ducados[318].

Portanto, embora alguns autores[319] enfatizem a espetacularização na sociedade espanhola do século XVII, em que se aponta um caráter

---

317 Garbiñe Bilbao López. Espectáculos Inmorales y Solemnidades religiosas. Ocho Escenas de Juglaría sobre las Pilas Bautismales Románicas Españolas. In: ACTAS DEL VII CURSO DE CULTURA MEDIEVAL. Aguilar de Campo (Palencia), setembro de 1995. *Fiesta, Juego y Espetáculo en la España Medieval.* Madrid: Polifemo, pp. 264-265.

318 Ostia fez outra apresentação com danças, bailes, cítaras, vihuelas e alaúde, em 1585, nas mesmas festas. Leg., 2ª, Archivo que fué de la Obra y Fábrica de la catedral de Toledo. Apud: COTARELO Y MORI, op. cit., p. CLXXII-CLXXIV.

319 Curt Sachs. *História Universal de la Danza.* Buenos Aires: Ediciónes Centurión, 1944, p. 393. Fernando Rodríguez de La Flor. *Política y Fiesta en el Barroco.* Salamanca: Ediciones Universidad de Salamanca, 1994. C.G. Dubois. El Maneirismo. Barcelona, 1980, p. 75. Apud. Ibidem, p. 17.

inédito que separa ator e espectador[320], ou nomeia-se tal século como do espetáculo, enquanto o século XVI seria das festas[321], tal espetacularização não é inédita, visto que ela já existia, assim como a sua relação ator-espectador, em séculos anteriores.

Contudo, sua relevância reside na proporção que toma pelo aumento e diversificação de seus espaços de representação, desde finais do XVI, proporcionando ambientes de espetáculos com maior distaciamento do público, cuja participação se restringe à observação.

Nesse sentido, é durante o século XVII que espaços comerciais, lugares fixos construídos somente para realizar as representações, consolidam-se[322]. Segundo Maria Moreno, os currais, principais espaços de comercialização teatral, tiveram suas bases nas anteriores representações em carros (possuíam um carro central para a representação e outros dois laterais para as trocas de figurinos, entradas e mecanismos), e nasceram com a finalidade de conseguir ingressos para manter hospitais[323].

Com a escassez de ingressos, o Rei obriga o *Ayuntamiento de Madrid* a subsidiar os currais, desencadeando o interesse comercial do *Ayuntamiento* sobre esses espaços, chegando a administrá-los diretamente, em 1638. Essa empreitada intensifica as representações teatrais, sua comercialização e a consequente importância dada à demanda do público para o êxito do espetáculo[324].

Os currais não só ampliam o número de espectadores, como passam a se organizar economicamente e administrativamente para a comercialização, fazendo com que o teatro deixe de ser esporádico e passe a ser submetido às leis da demanda de seu público. Restringindo-se ao papel de observador, cada vez mais, o público e sua reação se tornam parâmetros do êxito ou do fracasso do que veem nos espetáculos[325].

---

320 SACHS, op. cit.

321 C.G. Dubois. El Maneirismo. Barcelona, 1980, p. 75. Apud: Rodríguez de la Flor, op. cit, p. 17.

322 MORENO, op. cit., p. 193.

323 Ibidem, p. 222.

324 Ibidem, p. 224.

325 Loc. cit.

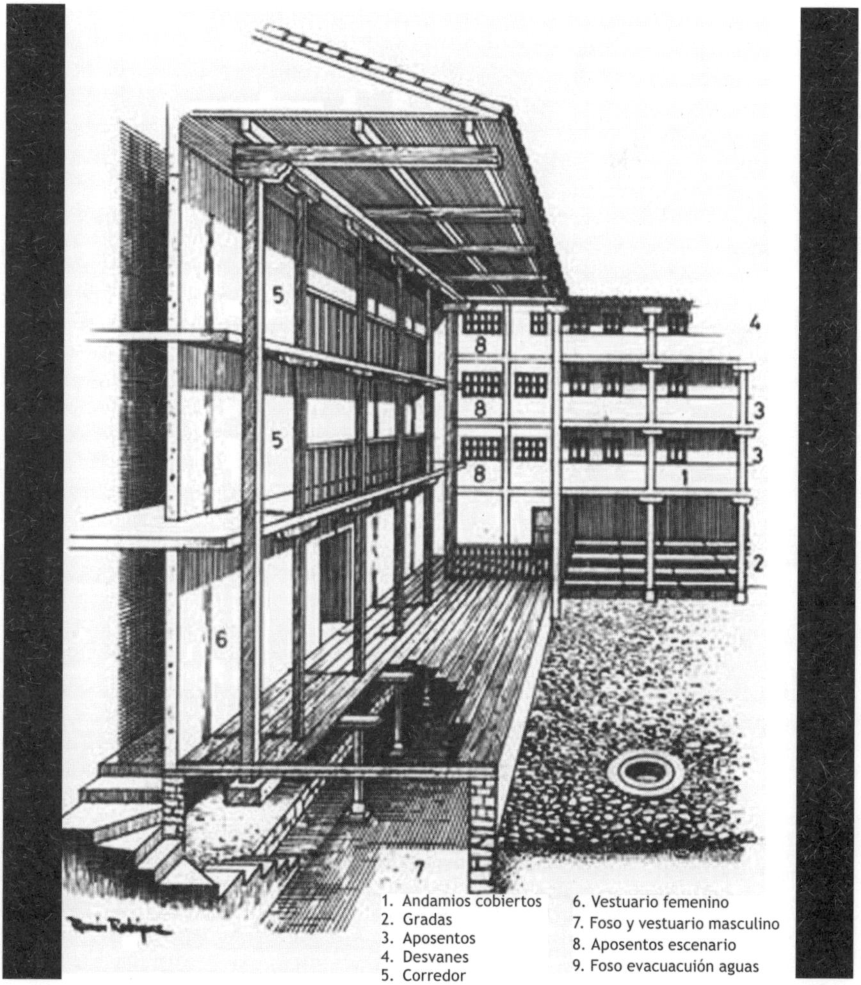

RODRÍGUEZ, Ramón. *Hipótesis de Corte Tranversal del Tablado de un Corral de Comedias.* Altura: 451 pixels. Largura: 412 pixels. Tamanho: 35,5 kb. Formato: JPG. Disponível em: http://parnaseo.uv.es. Acesso em: 23/09/2011.

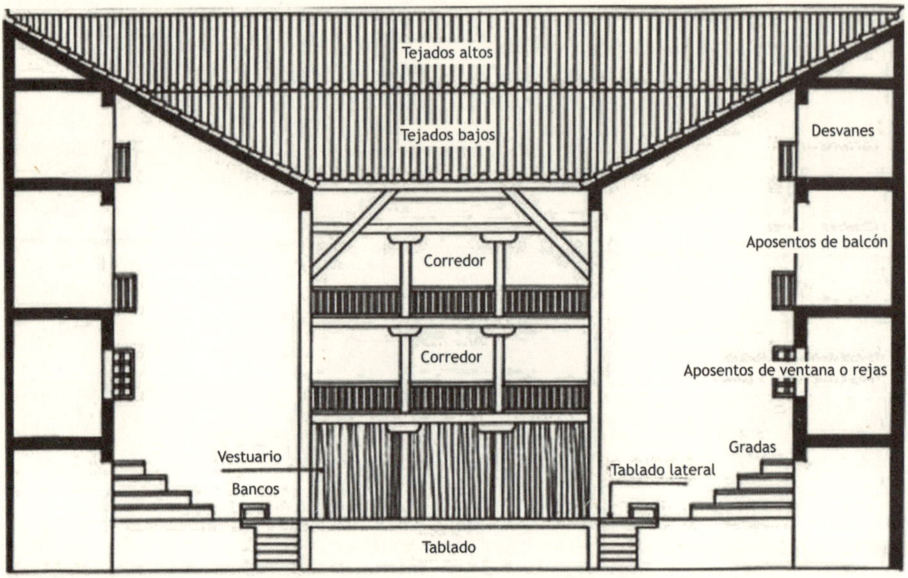

CORTE TRANSVERSAL DE UM CORRAL DE COMEDIAS: Tablado y aposentos y desvanes laterales: Altura: 312 pixels. Largura: 510 pixels. Tamanho: 36, 9 Kb.Formato: JPG. Disponível em: http://parnaseo.uv.es. Acesso em: 23/09/2011.

- El escenario presentaba 3 niveles utilizables durante la representación: al fondo, arriba, se situaba un balcón al que asomaban personajes que simulaban estar en el de una casa; en segundo lugar estaba el tablado, en el que se desarrollaba normalmente la acción; por último, el foso del que salían, a través de escotillones o trampillas, los actores que encarnaban a Satanás o a otras criaturas infernales.
- Las habitaciones de las casas (aposentos) que daban al patio estaban destinadas a las gentes principales. Los desvanes y las tertulias eran los aposentos más altos, situados inmediatamente debajo del tejado, y estaban reservados muchas veces a los religiosos y a los nobles. Estos personajes podían ver la comedia sin ser vistos a través de celosías.
- El público más modesto se situaba en el patio central y veía el espectáculo de pie o sentado en unas gradas que se levantaban a los lados del patio. Allí se situaban los mosqueteros, que, con sus capas y espadas y sus silbidos o aplausos levantaban o hundían la comedia.
- Frente al escenario se construyó una especie de palco de mujeres (la cazuela), en el que se sentaban las mujeres del pueblo, quienes accedían al local por una puerta especial o por las casas vecinas, para no encontrarse con los hombres.

- A veces había inmediatamente al lado del escenario un lugar separado del resto de la sala, llamado media luna, donde se sentaban otros espectadores.
- La alojería era el lugar en donde el público compraba tentempiés (comida y bebida) y los alojeros despachaban la aloja o hidromiel (bebida hecha de agua, miel y hierbas aromáticas que, a veces se mezclaba con vino).
- Los primitivos corrales de comedias se ampliaron interiormente según se hizo preciso crear espacio para alojar al público. Su estructura sólo permitía crecer verticalmente y se fueron añadiendo pisos a los ya existentes.[326].

Nesse contexto, as comédias se tornam o ápice dos espetáculos teatrais. Inovadoras no aspecto literário, não abrangem apenas o caráter cômico e as ações "vulgares" como as antigas comédias.

Segundo Lope de Vega, ficara-se o costume de nomear as antigas comédias de *entremeses*, como as de Lope Rueda, que imitam as ações vulgares, tratando de ofícios mecânicos e da plebe, em oposição à tragédia que trata de pessoas principais, como reis, e de suas graves ações[327].

Partindo dessa dualidade, o autor elabora novos preceitos para a comédia que, devendo ser escrita com linguagem de louco, mistura a baixeza cômica à sentença trágica e sua seriedade:

> Dios que me pesa de aprobarlo, porque Plutarco hablando de Menandro no siente bien de la comedia antigua, mas pues del arte vamos tan remotos y en España le hacemos mil agravios; cierren los doctos esta vez los labios. Lo trágico y lo cómico mezclado, y Terencio con Séneca, aunque sea como otro Minotauro de Pasife harán grave una parte, otra ridícula, que aquesta variedad deleita mucho. Buen ejemplo nos da naturaleza, que por tal variedad tiene belleza[328].

No mesmo texto, destacam-se os gêneros breves que acompanham as comédias, e a mudança das comédias de seu tempo de quatro para três atos, mantendo um *entremés* entre o primeiro e o segundo

326 Lourdes Domenech y Ana Romeo. *El Corral de Comedias.* Disponível em: http://www.materialesdelengua.org. Acesso em: 09/09/2011.

327 Lope de Vega. *El Arte Nuevo de Hacer Comedia en este Tiempo;* pp. 2-4. Disponível em: <http://www.edu.mec.gub.uy/>. Acesso em 14/07/2010.

328 Loc. cit.

ato da comédia, mas substituindo o *entremés* entre o segundo e o terceiro ato por um baile:

> Y era que entonces en las tres distancias se hacían tres pequeños entremeses, y agora apenas uno, y luego un baile, aunque el baile le es tanto en la comedia que le aprueba Aristóteles, y tratan Ateneo Platón, y Xenofont puesto que reprehende el desonesto [...][329].

4.1. Gêneros dramáticos breves como receptores e criadores de práticas.

Dentro das estruturas das comédias são incorporados os gêneros breves com danças e bailes, em sua maioria, como os *entremeses* citados por Lope. Segundo Huerta Calvo[330], danças e bailes migraram das comédias para esses gêneros breves devido ao recalque manifestado pela Igreja contra tais práticas. Embora as comédias tenham continuado a apresentar seus próprios bailes e danças, há poucos casos conhecidos, os quais se assemelham às comédias já tratadas no segundo capítulo e, ainda, restringem-se à primeira metade do século XVII[331].

Portanto, os gêneros breves são os objetos de análise para a teatralização das práticas, pois, além de apresentarem um aumento delas ao longo do século, oferecem maior quantidade e variedade de descrições das práticas representadas dentro de suas manifestações, já que, no caso dos bailes dramáticos, elas são imprescindíveis.

Dessa forma, ressalta-se que é dado um enfoque maior aos bailes dramáticos porque eles ampliam a participação das práticas, na medida em que não somente inserem os bailes e danças conhecidos, mas desenvolvem mímicas e coreografias a partir de suas próprias letras.

Por fim, é igualmente importante situar a antecedência desses gêneros breves para entender a eleição deles aos palcos, assim como suas transformações para tal acontecimento.

Dentre os gêneros breves mais representativos na inserção das práticas, aqui encontrados, há as *loas*, que são apresentadas antes da comé-

---

329 Ibidem, p. 5.

330 HUERTA CALVO, *El teatro breve en la Edad de Oro*. Edição de Javier Huerta Calvo. Madri: Taurus, 1985; p. 59. Apud: MORENO, op. cit., p. 250.

331 MORENO, op. cit., pp. 308-326.

dia; os *entremeses*, que se situam entre o primeiro e segundo ato; o baile dramático, ao qual Lope se refere na passagem acima, que é colocado entre o segundo e o terceiro ato; e as *mogigangas* que vêm depois da comédia apresentada[332].

As *loas* (prelúdios) se caracterizam por serem composições líricas, com próposito de louvor ou elogio (*alabanza*), que iniciam a peça principal representada em seguida, as quais também são nomeadas como introdução e prólogo[333]. Assim, no século XVI, elas já se apresentam em obras dramáticas religiosas, iniciando os autos sacramentais e fazendo louvores a santos. Posteriormente, são introduzidas também em obras dramáticas profanas (1550), como nas farsas[334], ampliando seu repertório de argumentos entre o final do século XVI e início do XVII, trazendo assuntos da comédia que a segue, elogios a lugares onde eram representadas, histórias ou ainda pedem o silêncio e a atenção do público e até mesmo tratam de problemas que o público está vivendo[335]. Essa variedade de assunto é tratada por uma *loa* de 1616:

> La diversidad de asuntos/ que en las loas han tomado/ para pedirlos silencio/ nuestros Tereacios y Plautos,/ ya contando alguna hazaña/ de César ó de Alejandro;/ ya refiriendo novelas/ del Ferrares ó el Boceaccio;/ ya celebrando virtudes, ya delitos condenando [...] ya alabando los colores, ya las letras alabando, confieso que me han tenido confuso y perplejo un rato, sin tener donde alargar con el ingenio la mano: tanto puede el llegar tarde adonde han llegado tantos[336].

Segundo Cotarelo, tais mudanças foram necessárias devido ao aumento de sua demanda, que também passou a exigir um maior dinamismo. Enquanto, no século XVI, perduram os monólogos nas *loas*, durante o XVII os diálogos e a atuação de várias pessoas prosperam:

> Lorenzo: Piedad, ingeniosos bancos./ Cintor: Perdón, nobles aposentos./ Linares: Favor, belicosas gradas./ Bernardo: Quietud, desvanes tremendos./ Pinelo: Atención, mis barandillas./ Piñero: Carísimos mosqueteros,/ granujas del auditorio,/ defensa, ayuda, silencio [...] Inés: Así

332 COTARELO Y MORI, op. cit., p.III.
333 Ibidem, p. VI.
334 Ibidem, p. VII.
335 Ibidem, p. VIII- IX.
336 *Loa* Anonima recopilada por Cotarelo. Apud: Ibidem, p. XXII.

> el abril de los años/ sea en vosotras eterno,/ y que el tiempo que tenéis/ no se sepa en ningún tiempo./ Margarita: Que piadosas y corteses/ pongáis perpetuo silencio./ Inés: A las llaves y a los pitos,/ silva de varios sucesos[337].

Além da participação de várias pessoas nessa *loa* de Quiñones de Benavente, em seu conteúdo aparecem nomes dados aos lugares onde ficava o público nos currais e pátios, feitos para as companhias cômicas em Madri e nos povoados mais relevantes, acarretando o aumento dessas representações, segundo Fernández de Moratin[338].

Constata-se, ainda, a ampliação das *loas* representadas nas comédias, nessa primeira metade do século XVII, através de publicações que reúnem várias comédias com seus *entremeses, loas* e bailes, como as de Quiñones[339] e as de Lope de Vega[340].

Nesse sentido, as variações agregadas às *loas* permitiram, na segunda metade do século XVII, a inserção de bailes e danças em suas representações:

> *Canta la* música y a su compás bailando todos/ hacen una mudanza, de cuyo lazo resulte que/ al impedirlos el Placer queden en ala, en tal/ orden que juntos los escudos formen un/ renglón que diga EUCHARISTIA [...] *Con esta repetición vuelven a bailar y trocándose de lugares hacen segundo renglón que diga al impedirlos el Placer*: CITHARA IESU. Placer: No, no prosigáis... ¿Cómo siendo/ el misterio que celebra/ vuestra fe la Eucaristía,/ fiel representación tierna/ de muerte y pasión de Cristo,/ es con músicas y fiestas?/ ¿No es este aquel sacramento/ que ayer veneró la Iglesia/ con disciplinas, ayunos,/ lágrimas y penitencias? [...] Viejo: Luego claramente muestran/ que ayer cruento sacrifício/ y hoy oblación incruenta,/ a una luz Eucaristía/ y a otra Cítara, se deba/ celebrar con regocijos/ hoy lo que ayer con exequias [...] Todos: Pues vaya de baile, vaya de fiesta,/ en vez de perdón, aplauso y

337 *Loa* de Luis Quiñones de Benavente, apud: Fernández de Moratín, Leandro. *Orígenes del Teatro Español*: seguidos de una colección escogida de piezas dramáticas anteriores a Lope de Vega. Madrid: Real Academia de la Historia, 1830-1831; nota 67 dessa obra. Disponível em: <http://bib.cervantesvirtual.com>. Acesso em: 21/11/2011.

338 Ibidem.

339 Don Manuel Antonio de Vargas, op. cit.

340 Lope de Vega. *El Fenix de España Lope de Vega Carpio*: septima parte de sus comedias, con loas, entremeses y bayles, op. cit.

licencia. *Con esta repetición, bailando y cantando/ todos y representando acaba la loa*[341] (grifos do autor).

Essa *loa* sacramental, composta para a comédia *El Divino Orfeu* de Calderón em 1663, é aqui selecionada, primeiro, por mostrar vários momentos em que os atores bailam; em segundo lugar, seu próprio assunto trata da mudança citada nas *loas* antigas, que pedem licença e silêncio, para as novas que já apresentam bailes; e, por último, a questão de se comemorar temas religiosos com bailes e festas.

Durante os bailes dessa *loa,* acontecem as duas formações das palavras que sustentam todo o argumento, ou seja, a aproximação de festas e músicas com o religioso ao desfazer o anagrama de "Eucaristhia" e transformá-lo em "Cíthara Iesu". Por ironia, o personagem "Prazer" indigna-se diante desse fato, questionando como a Paixão de Cristo, que a Igreja venerava ontem com lágrimas e penitências, faz-se, hoje, com festejos, sendo que as antigas loas pediam perdão e silêncio. Quando, enfim, o "Prazer" consente para cumprir sua própria função de conceder prazer ao auto, as personagens "Dama 1ª" e "Música" fazem uma advertência ao antigo modo das *loas*, aludindo que voltem a música e a festa.

Em seguida, o argumento do enredo é acatado por todos, pois mencionam que se vá de baile e de festa. Novamente, os atores bailam, finalizando a *loa*, o que demonstra a importância dos bailes, não só por serem representados diversas vezes, mas também por enfatizarem e concluírem o argumento e, nesse caso, serem amparados no próprio tema.

Loas com bailes também estão presentes em festas nobres. Em 1651, na comédia *Darlo todo y no dar nada* ou *Apeles y Campaspe*, há uma *loa* em que se baila com castanholas (*castañetas*), escrita por Solís para ser representada no palácio Real em comemoração ao aniversário da rainha, ao seu primeiro parto e à sua recuperação do acidente[342]. Solís também faz uma *loa*, em 1655, para a comédia *Las Amazonas,* representando-se a sua Majestade no domingo de carnaval, em que há a dança *gallarda*:

> La Comedia presumida/ de reina de los festejos,/ y olvidando en los salones/ el corral de sus abuelos,/ sale á danzar la Gallarda,/ diestra-

---

[341] Calderón de la Barca. *El Divino Orfeo.* Ed. J. Enrique Duarte. Pamplona–Kassel: Universidad de Navarra–Reichenberger, 1999. Disponível em: http://dspace.unav.es. Acesso em: 13/07/2011.

[342] Cotarelo y Mori, op. cit., pp. XXXIV.

> mente componiendo/ de sus pasos apretados/ la suspensión del paseo./ Aunque algo la desmesuran/ quebrados de amor y celos,/ son decentes las floretas/ que se harán en casamientos./ Según á compás se mueven/ la huella, el aire y el cuerpo,/ parece que sus pies constan,/ y que van pisando versos[343].

Em 1659, Antonio de Solís faz uma *loa* que precede a comédia *Hipomenes y Atalanta*, sendo representada com baile, dança e canto. Este caminho de Solís foi seguido por outros poetas como Augustín Moreto que também se destacou com suas *loas* cantadas e bailadas[344].

Seguindo a referência de Cotarelo y Mori e de Maria Moreno quanto aos gêneros breves, entre o primeiro e o segundo ato da comédia são colocados os *entremeses*. Assim como as *loas*, esse gênero já tem grande representação no século XVI, tendo Lope de Rueda como principal autor, segundo Augustín de Rojas que, em 1603, escreve sobre a forma criada por Lope de Rueda para as farsas e comédias ou antigas comédias, havendo as *loas* no início e os *entremeses* ou *pasos* nos intervalos:

> Y porque yo no pretendo/ tratar de gente extranjera,/ sí de nuestros españoles,/ digo que Lope de Rueda,/ gracioso representante/ y en su tiempo gran poeta,/ empezó a poner la farsa/ en buen uso y orden buena./ Porque la repartió en actos,/ haciendo introito en ella,/ que agora llamamos loa,/ y declaraban lo que eran/ las marañas, los amores,/ y entre los pasos de veras,/ mezclados otros de risa,/ que porque iban entremedias/ de la farsa los llamaron/ entremeses de comedia [...][345].

Os *entremeses* se caracterizam por trazer assuntos que divertem e amenizam a seriedade da peça principal, apresentando personagens e histórias vulgares, como já colocados por Lope de Vega, em seu texto citado anteriormente.

No início do século XVII, tomam uma característica mais realista e irônica com Miguel de Cervantes[346], autor que não tem seus *entreme-*

343 Loa para la comedia de Las Amazonas que se represento á Su Majestad el domingo de Carnestolendas, 7 de Febrero de 1655. Apud: Ibidem.

344 Ibidem, XXXVI.

345 Augustín de Rojas Villandrando. *El Viaje Entretenido.* Edición digital basada en la de Madrid, Emprenta [sic] Real, 1603. Disponível em: <http://www.cervantesvirtual.com/obra/el-viaje-entretenido>. Acesso em: 12/07/2011.

346 Cotarelo y Mori, op. cit., p. LXVI.

ses representados em sua época, mas influencia *entremesistas* posteriores com seus temas[347]. Ainda, uma característica que aparece, já nesse início do século, destacando-se nos *entremeses* de Cervantes, é a inserção de bailes e danças:

> (Tocan la Gallarda; dánzala Escarramán, que le ha de hacer el bailarín; y, en habiendo hecho una mudanza, prosíguese el romance.) [...] Muden el baile a su gusto,/ que yo le sabré tocar: el Canario, o las Gambetas,/ o *Al villano se lo dan*,/ Zarabanda, o Zambapalo,/ el *Pésame dello* y más;/ el *Rey don Alonso el Bueno*,/ gloria de la antigüedad [...] Músico: Que te bendiga San Juan. (Bailan el Villano, como bien saben, y, acabado el Villano, pida Escarramán el baile que quisiere, y acabado, diga Trampagos:)/ Trampagos: Mis bodas se han celebrado/ mejor que las de Roldán./ Todos digan, como digo:/¡Viva, viva Escarramán!/ Todos: ¡Viva, viva![348] (grifos do autor).

A conjuntura em que Cervantes coloca a dança e os bailes assemelha-se às situações criadas em suas novelas, ou seja, tais práticas estão entre pessoas que não são exemplos de moralidade naquela sociedade. Dessa forma, dança e bailes realizam-se no casamento de um *rufián*, pessoa sem honra e perversa[349], o qual fica viúvo e casa-e logo em seguida, causando uma situação também desonrosa à moral cristã. Por fim, aparece Escarramán para o baile, um ladrão que realmente existiu em Sevilla[350], que se torna o principal bailarino da peça.

Observa-se, ainda, que não só as práticas tomadas como vulgares e plebeias, por discursos dantes tratados, estão nessa situação, mas também a própria *gallarda*, considerada dança aristocrata em textos aqui abordados. Além disso, apesar de a *gallarda* ser mencionada como dança, quando Escarramán a realiza, o personagem é chamado de bailarino

---

347 Ibidem, p. LXXII-LXXIV.

348 Miguel de Cervantes Saavedra. Entremés del Rufián Viudo Llamado Trampagos. Reproducción digital a partir de la 1ª ed. de *Ocho Comedias, y Ocho Entremeses Nueuos, Nunca Representados.* Madrid: por la viuda de Alonso Martín, a costa de Iuan de Villarroel, 1615, f. 224v.-f. 230r. Localización: Biblioteca Nacional (España). Edición digital Alicante: Biblioteca Virtual Miguel de Cervantes, 2001. Disponível em: http://bib.cervantesvirtual.com. Acesso em: 19/07/2011.

349 *Diccionario de la lengua española.* 22ª edición. Madrid: Real Academia Española, Espasa-Calpe, 2001. Disponível em: http://buscon.rae.es. Acesso em 02/08/2011.

350 Cotarelo y Mori, op. cit. p. CCXLII.

e, em seguida, pede-se para que mude o baile, como se o que veio antes, a *gallarda*, também o fosse. Diante do contexto que deprecia as práticas, elas surgem para enfatizar o final do enredo, transformando-o em ápice da peça, assim como na *loa* sacramental citada.

Nessa primeira metade dos seiscentos, surgem vários *entremeses* com bailes e danças, destacando-se os de Luis Quinõnes de Benavente que, em 1620, já teria composto trezentas peças desse gênero, continuando a escrevê-las até 1638[351]. Dentre as representações de seus *entremeses*, destacam-se as desempenhadas em festas nobres, sendo apreciadas pelo rei Felipe IV[352], e as realizadas em festas religiosas. Destas últimas, foi encontrado o seguinte *entremés* com baile, representado na festa de Corpus Christi, em 1633:

> (Cantan y bailan.) Luisa: Si yo me caso, señores,/ (Canta.) muy buena disculpa tengo,/ porque es malilla sin guarda/ doncella con padre viejo./ (Repiten los dos versos postreros. Baila.) Monillo: Yo, calvajusto de entrambos,/ que el que se casa sin seso/ es marido rey de bastos,/ que le baldan por momentos.(Repiten y bailan todos.)/ Isabel: Con tonto y rico me caso,/ y pues doy mano en el juego (Lo mismo.) yo robaré la figura/ y descartaráme el tiempo./ Talega: Yo caso con moza y pobre,/ pero con muy poco riesgo,/ que soy hombre y cada mano (Lo mismo.) los tres matadores tengo./ Tararira: Para que piedras me tiren/ basta decir que soy suegro, que como a malas lanzadas (Lo mismo.)/ morimos a malos yernos [...] Talega: Vaya de baile y de fiesta [...] (Baile Luisa sola con que se da fin al entremés.)/ Quítase el baile deste entremés. Fin[353].

O enredo trata de duas irmãs que pretendem casar-se com dois sacristãos, o que é consentido pelo pai após brigas e afrontas, principalmente, entre ele e Luísa. Quando, enfim, os casórios são aceitos pelo pai, entram os cantos e bailes que ressaltam comicamente as intenções dos jovens em se casarem, abordando, em seguida, a figura do sogro que atrapalha a união dos casais. Constata-se que há a mesma

---

351 Ibidem, p. LXXVI.

352 Ibidem.

353 Luis Quiñones de Benavente. *Entremes Famoso y Nuevo de los Sacristanes.* N. sobre edición original: Otra ed.: Madroñal, Abraham (ed.), *Nuevos entremeses.* Kassel: Reichenberger, 1996. Edición digital: Alicante: Biblioteca Virtual Miguel de Cervantes, 2002. Disponível em: <http://bib.cervantesvirtual.com>. Acesso em: 12/07/2011.

frase da *loa* sacramental vista, "Vaya de bayle y de fiesta", proferida também no final, o que demonstra uma provável troca de influências entre os gêneros, possibilitando que bailes e danças, já presentes nas festas religiosas desde o século XVI, como já visto, mantenham-se nelas através dos gêneros breves e de seu desenvolvimento na teatralização.

Nesse sentido, a importância dos gêneros breves com bailes e danças se intensifica ao longo do século XVII, a exemplo de uma obra publicada em 1645, já citada, que recompila *entremeses*, *loas* e *jácaras* de Quiñones de Benavente, *Joco seria Burlas veras, o reprehension moral, y festiva de los desordenes públicos: en doze Entremeses representados, y veinte y quatro cantados. Van insertas seis loas, y seis jacaras*[354]. Ainda, outros *entremesistas* utilizam bailes e danças em suas composições para companhias, como D. Franciso de Quevedo Villegas, D. Ramón Montero, Francisco Navarrete y Ribera[355], estendendo-se tal prática na segunda metade do século, com Villaviciosa e Augustín Moreto dentre outros[356].

Vale ressaltar que todos esses autores são reconhecidos e apreciados por seus *entremeses* em festas Reais, a exemplo do próprio Moreto que compõe *El Alcalde de Alcorcón* para representar no palácio Real, no qual acontece o baile dos *villanos* no final do *entremés*, e, na mesma ocasião, se faz outro *entremés* com bailes, *Las fiestas del Palácio*[357].

No seguinte *entremés* de Quevedo não só há bailes, como a temática aborda a necessidade de reformá-los. Assim, o personagem Rastrojo, que representa um velho baile, ao ouvir um pedido de conservação da idade para uma feiticeira, deseja uma mudança para si mesmo, remendando-se com outros bailes:

> *Suenan guitarras* [...] *Salen Musicos:* !Adobacuerpos, como adobasillas!,/ !botica de ojos, boca, pantorrillas!,/ Nuestro baile de Rastro esta tan viejo,/ que no le queda ya seno el pellejo;/ queremos, se el posible, remendarlle/ con los bailes pasados. Ropavejera: Remendarele por entrambos lados,/ que no se le conozcan las puntadas./ Las bailas aqui

354 Don Manuel Antonio de Vargas, op. cit.

355 COTARELO Y MORI, op. cit., pp. LXXVII-LXXX.

356 Ibidem, pp. LXXXIV-LXXXVI.

357 Ibidem, p. XCIII.

están todas guardadas: *Descubre las mujeres y los bailarines, cada uno con su instrumento. Zarabanda, Pironda*, la *Chacona,Corruja* y *Vaquería;* Y los bailes aqui: *Carreteria,/ !Ay, ay!*, *Rastrojo, Escarramán, Santurde*[358] (grifos do autor).

Segundo Cotarelo, os *entremeses* sofrem uma decadência no fim do século XVII, perdendo seus versos hamoniosos e a qualidade nos enredos, que buscam cada vez mais o inverossímil, assim como aumentam as *mogigangas*, que Cotarelo chama de farsas grosseiras, em que a poesia fica em segundo plano e os disfarces despertam a curiosidade, junto de músicas e bailes. Assim, há *entremeses*, inclusive representados para a realeza, na segunda metade do século XVII, em que não há argumentos, nem mesmo títulos, servindo apenas para mostrar personagens cômicos que cantavam e bailavam, a fim de *alabar* o rei e a rainha, portanto, sempre havendo um baile[359].

Dando-se sequência à ordem dos gêneros breves nas comédias, entre o segundo e o terceiro ato, apresenta-se o baile, gênero literário intermédio, cujos elementos são canto, música e, principalmente, baile propriamente dito[360]. A letra é elaborada para o canto, que, por vezes, compõe toda a peça, havendo bailes cantados em toda sua representação, e outros em que há partes faladas, os bailes *entremesados*. O canto e a música são elementos para graduar e fazer mais belo o exercício mímico, ou seja, o verdadeiro baile[361].

Para tratar dos bailes dramáticos, Cotarelo apresenta um histórico de como bailes populares já se inseriam em espetáculos, desde o final do século XV, com trechos de obras representadas de Juan de Encina e Lucas Fernández:

> Justino: ¡Sus, Cristino!/ Ponte en corro, como en lucha:/ otea, mira, escucha,/ que yo creo que es muy fino./ Cristino: No le puedo bien entrar,/ ni tomar,/ que es un poco palanciano;/ hazme otro más villano/ que sea de mi manjar[362].

---

358 Entremés de la Ropavejera. Edición digital a partir de *La Perinola*: revista de investigación quevediana, núm. 5 (2001), pp. 25-38. Edición digital: Alicante: Biblioteca Virtual Miguel de Cervantes, 2007. Disponível em: <http://bib.cervantesvirtual.com>. Acesso em: 13/11/2010.

359 Ibidem, pp. CXLIV-CXLV.

360 Ibidem, pp. CLXIV-CLXV.

361 Ibidem.

362 Juan de Encina. *Egloga de Cristino y Febea*. Apud: COTARELO, op. cit., p. CLXXIV.

Y después llamaron á- Pascuala y Menga/ y cantaron y bailaron con ellas./ Bras-Gil: Aballemos,/ que cantando nos iremos./ Bering: ¿Qué cantar quieres cantar?/ Bras-Gil: Uno que sea de bailar./ porque más nos reholguemos[363].

Demos tortas y bailemos/ con gran gloria y gran placer./ Demos saltos y cantemos/ hasta en tierra nos caer./ No hay quien se pueda tener.../ ¡Digo, digo, digo, ha!/ I juro á diez muy bien nos va!/ ¡Aína, Bras; tú y Beringuella/ salí, salí acá á bailar!/ Zapatetas arrojemos/ repicadas por el cielo[364].

Assim, Cotarelo afirma que os bailes mencionados são populares, do povo, espontâneos, não os ordenados e cerimoniosos da aristocracia, o que é constatado no início do primeiro trecho de Encina. A écloga de Lucas Fernández, que já representa temas campesinos é colocada como obra de estilo pastoril, em que os bailes são representados por atores vestidos de pastores, assim como os atores que bailam na écloga de Encina[365]. Vale salientar que as representações de Encina e de Lucas Fernández são, provavelmente, mais encenadas a nobres, pois ambos dedicam dois anos de sua dramaturgia à corte de Alba de Tormes, dos Duques de Alba[366].

363 Juan de Encina. *Egloga 8ª*. Apud: COTARELO, loc. cit.

364 Lucas Fernández. Egloga 1ª. Apud: Cotarelo, loc. cit.

365 Juan de Encina. *Cancionero.* Edición facsímil de Madrid, Real Academia Española, Tipografía de la Revista de Archivos, Bibliotecas y Museos, 1928 (reimp. Madrid, Arco/Libros, 1989). Edición original: 1496. Edición digital: Alicante: Biblioteca Virtual Miguel de Cervantes, 2002. Disponível em: http://bib.cervantesvirtual.com. Acesso em 13/07/2011. Juan de Encina. Égloga de Cristino y Febea. N. sobre edición original: Edición digital a partir de Égloga nueuamente trobada por Juan *del Enzina a donde se introduze vn pastor ...* (Salva, nº 1228; posterior a 1509). Localización: Santander, Biblioteca Menéndez Pelayo, R- III-A(595). Edición digital: Alicante: Biblioteca Virtual Miguel de Cervantes, 2002.
Lucas Fernández. *Farsas y Églogas al Modo y Estilo Pastoril y Castellano.* N. sobre edición original: Edición digital basada en la edición de Salamanca, Lorenzo de Liom Dedei, 1514. Edición digital: Alicante : Biblioteca Virtual Miguel de Cervantes, 1999. Disponível em: http://bib.cervantesvirtual.com. Acesso em 13/07/2011.

366 Alfredo Hermenegildo (org.). *Teatro Renascentista.* Colección Austral. Madrid: Espasa-Calpe, 1991. Juan del Encina. *Triundo de Amor*; Égloga de Plácida y Vitoriano. Edición de Luisa de Aliprandini. Madrid: AKAL, 1995; p. 6-7. Disponível em: http://books.google.com.br/books. Acesso em 30/11/2011.

Mesmo no caso de Encina, que chega a representar a um público também de estudantes em sua estadia em Roma, compõe apenas duas outras obras nessa época[367], sendo o resto delas composto antes dessa viagem, no período em que servia aos Duques, até mesmo representando éclogas ao príncipe Juan, filho dos Reis Católicos[368].

Com isso, pretende-se salientar aqui o costume de nobres de assistirem a bailes camponeses, desde o final do século XV, o que contrapõe o argumento já referido de Maria Moreno sobre tal fato ser uma característica do século XVII, devido à teatralização que apresentaria, ineditamente, bailes de subalternos ao público nobre.

Bailes continuam sendo representados em meados do século XVI, também em espetáculos religiosos, como os de Ostia e Herrera já mencionados, e os de Diego Sánchez de Badajoz[369], em que também há bailes representados na própria farsa, assim como nas éclogas anteriores.

A importância de Diego Sánches para as peças de temas religiosos com bailes e danças é devida às suas obras *Danza de los Pecados*[370] que, segundo Cotarelo y Mori, é totalmente bailada, e *Farsa del Juego de Cañas,* onde aparecem bailes muitas vezes representados. Porém, a primeira obra não foi encontrada durante a pesquisa, havendo apenas trechos citados por Cotarelo:

> Sale Soberbia á sacar á Adán.- Da primero en vuelta y dice... En comenzando á bailar Adán, hácele Soberbia en traspié en que le derriba; queda caído hasta que sale Ira... Va Soberbia jatándose, y meneando el brazo dice... Sale Ira y baila./ Da en vuelta y dice á Adán, que aun está caído y luego se levanta... Saliendo á bailar Adán, dice el Pastor:/ En el son está metido;/ ya le sale, no es mentira,/ que luego baila en ira/ quien por soberbia ha caído./ Airado baila el vencido;/ veislo, veislo que trompieza,/ de quebrarse ha la cabeza;/ veislo caído, perdido[371].

Quanto à sua farsa, há uma menção de profetas e patriarcas, como São João, dançando em "secreta melodia", como se não pudessem ser

367 Juan de Encina, *Cancionero*, p. 28.
368 Ibidem, p. 23.
369 COTARELO, op. cit., p. CLXXVII.
370 Ibidem.
371 Loc. cit.

vistos, logo, não sendo representados, mas os pastores bailam várias vezes durante a farsa, recebendo os ensinamentos da sibila, que relata o jogo das virtudes contra os vícios:

> Sibila: Porque escuchen las comarcas/ delante destos pregones / va en montón de foliones,/ profetas y patriarcas:/ todos van cantando en dança/ sus cantares de esperança/ en secreta melodia. Pastor: Escuchemos la folia/ de la bienaventurança [...] *y acabada la copla responderán todos juntos onde cantando y bailando como la primera vez* [...] *Trompetas en o Coro y harán bullicio en unos caxcabeles, corriendo todos como que pasan carrera del un puesto al otro, y en acabando cantarán el Pastor y la Pastora este villancico bailando mano por mano*[...][372] (grifos do autor).

Na segunda metade do século XVI, logo, há bailes e danças sendo representados em peças, mas também essas práticas isoladas se constituem como espetáculos, tendo o próprio Diego de La Ostia como exemplo:

> Primeramente se obligó el dicho Diego de la Ostia (se llama vecino de Toledo) de sacar una danza que tenga 11 personas [...] Han de ir los dos vestidos de la misma suerte que los ocho, tañendo con otros dos instrumentos que han de servir siempre de tañer en el entretanto que los demás danzan, porque han de quedar danzando con unos arcos; el último cumplimiento á los 11 ha de ir vestido de lo mismo que ha de ser la guia y el que ha de servir de quitar y dar los instrumentos siempre que los dexaren para danzar con los dichos arcos[373].

Dessa maneira, bailes e danças não só continuam sendo representados como ornamentos em gêneros teatrais do século XVII, vistos as *loas* e os *entremeses*, como também formam um gênero próprio que possibilita sua expansão nas representações, que seria o baile dramático. No histórico colocado, constata-se que bailes e danças não aparecem diferenciados conceitualmente, a exemplo dos bailes

---

372 Diego Sánchez de Badajoz. *Farsa del Juego de Cañas*. Edición digital a partir de la Recopilación de metro (Sevilla, 1554), según la edición facsímil de la Real Academia Española, Madrid, 1929. Disponível em: <http://bib.cervantesvirtual.com>. Acesso em 13/07/2011.

373 Leg., 2º Archivo Historico de Toledo – Papeles de Barbieri. Apud: Cotarelo, op. cit., p. CLXXIII.

na peça *Danza de los Pecados*, o que parece colocar ambas as palavras com o mesmo significado.

Finalmente, nos trechos apresentados, as práticas são chamadas de bailes em sua maior parte, estando em festas aristocráticas e religiosas, incluindo os bailes camponeses nas primeiras. Com isso, coloca-se a hipótese de que as práticas, principalmente as denominações "bailes", estão presentes em várias ordens sociais e, por tal motivo, são mais repreendidas nos discursos da Igreja, como uma forma mais eficaz dessa instituição controlá-las.

O que comprova a maior circulação dos bailes naquela sociedade é, além de sua manifestação mais numerosa em comparação às danças, a sua eleição para caracterizar um gênero breve do teatro que amplia sua atuação nos palcos. Assim como no século anterior, danças e bailes não apresentam diferenciação em muitos espetáculos no século XVII, como também se verifica que a menção aos bailes ou ao bailar é superior às menções sobre danças, inclusive em espetáculos religiosos.

Nesse sentido, o seguinte auto-sacramental de Lope de Vega, apesar de ter a galharda considerada dança em discursos anteriores, apresenta suas mudanças com bailes, mesmo com todas as proibições e recalques sobre eles no início do século, como já visto:

> *Duerme la Esposa, y los tres, el Cuidado, la Gracia y el Alegria, cantan, y los dos danzan esta españoleta, mudando los bailes conforme fueren las coplas* [...] Juan resplandece este día/ en el vientre de Isabel;/ que Cristo es sol, y da en él/ por el cristal de María./ Luego que los dos se han visto/ y abrazos tiernos se dan,/ Cristo resplandece en Juan,/ y Juan reverbera en Cristo./ Quedaron desde aquel dia/ ángel Juan, cielo Isabel;/ que Cristo es sol y da en él/ por el cristal de María. [...] *(Baile.)* Pascual, si el muchacho/ ves, baila, salta,/ y hagámonos rajas;/ que aquí llevo las sonajas,/ y el salterio para después [...] Música: *(Esto es por la gallarda.)*[374] (grifos do autor).

Por ser um auto-sacramental, a peça é representada em festa religiosa, e os bailes envolvidos nas cenas não representam figuras imorais ou

374 Lope de Vega. *De los Cantares.* Auto-sacramental. Edición digital a partir de Piezas maestras del teatro teológico español. T.I: Autos Sacramentales, 4ª ed. Madrid: Biblioteca de Autores Cristianos, 1997, pp. 114-133. Edición digital Alicante: Biblioteca Virtual Miguel de Cervantes, 1999. Disponível em: http://www.cervantesvirtual.com. Acesso em: 19/05/2011.

algo a ser repreendido, como em textos do segundo capítulo. O enredo trata do esposo, Cristo, que vela o sono de sua esposa, Alma, e a presenteia com músicas e bailes, enquanto ela dorme na noite fria, até que o dia raie. Com isso, os personagens Graça, Alegria e Cuidado fazem o baile que, aludindo às histórias bíblicas, aparecem em situações mais alegres e graciosas.

Desse modo, na conjuntura dos espetáculos entre o final do século XVI e o início do XVII, há um envolvimento dos bailes, que se fazem presentes (além de numerosos nas representações) em situações nas quais, para alguns autores aqui colocionados ou para as próprias fontes que eles seguem, não seriam recomendadas tais práticas, como em festas aristocráticas e religiosas, sendo que, nessas últimas, os bailes podem ser associados a algo honesto e moral, ou seja, às partes alegres e esperançosas das histórias bíblicas.

Além disso, os bailes não só fazem parte de espetáculos como ornamentos de autos, farsas e *entremeses*, mas também se constituem como um espetáculo próprio, como o de Ostia em 1585. Por conseguinte, todos esses fatores podem ter contribuído para a constituição do baile como gênero breve dramático, desvinculado dos outros gêneros.

Em 1616, já se destacam os *entremeses cantados* de Luis Quiñones de Benavente[375]. Apesar do autor assim os denominar, uma *loa* que os precede, em 1617, já os apresenta como bailes, "[...] Junté, pues, mi compañía,/ hice viaje á otros reinos,/ llevando muchas comedias,/ bailes y entremeses nuevos"[376]. Ainda, seu amigo que reúne algumas de suas obras em 1645, D. Antonio Manuel de Vargas, além de colocá-los como bailes no prólogo[377], menciona a novidade desse gênero com relação aos já existentes ao afirmar que Quiñones teria ressucitado na Espanha a ditirâmbica de Aristóteles, que une múscia, tripúdio (baile e dança) e versos[378].

Segundo Cotarelo, outros autores contemporâneos de Quiñones, como Tirso de Molina, também enfatizam esse novo gênero, ao falar sobre os bailes do autor, além do próprio Quiñones os denominar como *entremeses cantados*, o que os distinguiria dos bailes que estavam unidos aos *entremeses*[379].

375 COTARELO Y MORI, op. cit., p. CLXXXIII

376 Loc. cit.

377 VARGAS, *Joco Seria Burlas Veras...* , fol. Xv.

378 Ibidem, fol. XIVr.

379 COTARELO Y MORI, op. cit., p. CLXXXIII.

Por último, Cotarelo afirma que se há alguma dúvida sobre tais *entremeses* serem bailes, dissipa-se com a fala final de um *entremés* de Quiñones, representado em 1633: "Sórbanse sus reverencias/ este baile, como huevo,/ que está pasado por água, y tan fresco que es de hoy puesto"[380]. Esse *entremés cantado, De Las Dueñas*, apresenta outra frase no final, indicando que essa peça é um baile, pois a interlocutora anuncia o fim do baile aludindo à apresentação: "Bern: Por el siglo de mi madre,/ que se acaba el baile"[381]. Como averbado no início do capítulo, jardins e partes externas de palácios recebiam espetáculos voltados aos nobres, deste modo, o estanque do Retiro fora construído para tal fim[382].

Ainda, em 1617, na publicação[383] de comédias e de gêneros breves que as acompanham, de Lope de Vega, há peças já com o nome de bailes, os quais são de autoria desconhecida, com exceção do *Cavallero de Olmedo,* que é atribuída a Lope. Quanto a esse baile, não há descrições nem citações sobre bailes e danças; já nos outros dois, *Vayle del Duque de Humera* e *Vayle de Don Jayme*, assim como no de Quiñones, há citações de bailes e danças na fala, mas não descrições das práticas ou de seus gestos feitos pelos atores.

Observa-se, ainda, que tais bailes dramáticos apresentam outra característica em comum com o de Quiñones e que se diferenciam dos bailes representados em peças nos séculos XV e XVI, a temática não mais restrita a camponeses e pastores, pois aborda a nobreza, narrando festas com bailes e danças em palácios, "El de Humena fue á Palacio,/ tan gallan, como gentil,/ llevando tras si las almas,/ quando cantavan assi./ Que bien cantan, y vaylan/ las çagalejas./ Que bien cantan, y vaylan/ las çagalejas./ A la gala de Francia,/ y flor de Humena. El Duque de Humena[...][384]. Esse *Vayle del Duque de Humena* narra as bodas de Felipe IV com Isabel de Bourbon e de Luis XIII com Ana de Austria, e

---

380 Ibidem, p. CLXXXVI.

381 Quiñones de Benavente. Entremes Cantado de las Dueñas. In: *Joco Seria Burlas...*, p. 172.

382 Juan de Mariana. *Historia General de España.* Barcelona: Imprenta de D. Francisco Oliva, 1839, t.IX, p. 72. Disponível em: <http://books.google.com.br/books>. Acesso em: 04/08/2011; J.E. Varey y N.D. Shergold. *Teatros y Comedias en Madrid*: 1651-1665. Estudio y documentos. London: Tamesis Books Limited, 1973; pp. 240-242. Disponível em: <http://books.google.com.br/books>. Acesso em: 04/08/2011.

383 Lope de Vega. *El Fenix de España Lope de Vega Carpio...*

384 Anônimo. Vayle del Duque de Humena. In: ibidem, p. 306 r-306 v.

a ida do Duque de Humena a essa festa. Durante o baile, o trecho que menciona baile e dança, por ser indicado como um canto na primeira vez que aparece e por se repetir, pode ser a letra cantada para bailar e dançar.

Já, no *Vayle de Don Jayme*, que descreve um sarau no palácio real a mando desse cavaleiro, devido à sua vitória contra os mouros, as passagens evidenciam a associação das letras com seus bailes e danças, apesar de as práticas não serem descritas:

> Pues que ya mi pensamiento,/ de un dulce engaño salio,/ toquen, repiquen, y canten,/ tañean, y vaylen y dancen oy./ En unos crece la embidia,/ y en otros lo gusto reyna/ de ver tanta gallardia,/ como en las dos se encierra./ Hizo la seña don Jayme, que al puesto ha dançar se buelvan,/ y a peticion de la fala, comiençan desta manera. [...] Con las divinas manos,/ las flores va cogiendo,/ y haziendo una guirnalda,/ texida con cabellos./ Volviendo a la villa,/ dexô el campo por riyendo,/ y haziendo reverencias,/ fin a este vayle dieron[385].

Para Cotarelo, os enredos de ambos os bailes seriam pretextos para as letras em que se bailavam. Dentre outras formas, *El Caballero*, baile não dramático, documentado desde meados do século XVI, também realizado em *matachines* e *entremeses* no século XVII[386], teria sua parte mímica executada no *Cavallero de Olmedo*, contando sua história[387]:

> Ucho ho, ucho ho, ucho ho,/ torillo osquillo,/ toro osco vente à mi,/ vente à mi, que aqui te espero/ Iesus! que bien que le espera,/ que bien el rejon quebrô,/ Iesus! y que bien le entrô,/ sacando el cavallo afuera,/ toda Medina se altera,/ ye el fe remira en su espejo,/ Ucho ho, ucho ho, ucho ho,/ torillo osquillo,/ ucho ho, torillo, torillejo,/ toro osco vente à mi,/ vente à mi, que aqui te espero./ Seis toros havian corrido,/ muy feroces y sobervios,/ quando aperciben las cañas,/ los famosos quadrilleros./ Afuera, afuera, afuera,/ aparta, aparta, aparta,/ que entra el galan Don Alonso,/ quadrillero de unas cañas[388].

Nesse último baile, não há nenhuma menção de bailes e danças, como há nos dois anteriores. Porém, seguindo a afirmação de Cotarelo

---

385 Anônimo. Vayle de Don Jayme. In: ibidem, 306 v.
386 COTARELO Y MORI, op. cit., pp. CCXXXV-CCXXXVI.
387 Ibidem, p. CLXXXV.
388 Lope de Vega. Vayle del Cavallero de Olmedo. In: ______. *El Fenix...*, pp. 306-307.

sobre bailes dramáticos apresentarem estribilhos rítmicos com palavras sem sentido somente para conservar o movimento e o ar da dança[389], logo, os estribilhos "Ucho ho, ucho ho, ucho ho,/ torillo osquillo [...] Afuere, afuera, afuera,/ aparta, aparta, aparta [...]", podem ser um exemplo de continuidade da letra bailada.

Assim como esses bailes dramáticos, vários dos *entremeses cantados* de Quiñones de Benavente, da publicação citada de 1645, também não descrevem os tipos de bailes executados ou seus gestos e mímicas, citando apenas que se baila e, em alguns casos, havendo tais estribilhos associados à menção ao bailar[390].

A partir dos trechos citados, considera-se que, assim como afirma Cotarelo, as letras rítmicas ampliam a presença de bailes e danças, mesmo que não sejam descritos seus movimentos ou nem mesmo mencionados. Nesses casos, não são as antigas práticas que são colocadas nos palcos, e sim novas formas que acompanham as letras, através de mímicas e gestos criados para elas, ou que servem como ornamentos para a peça. Segundo Cotarelo y Mori, essas novas formas, apenas indicadas em Quiñones de Benavente, iriam entrar nesse *juguete*:

> No eran danzas aristocráticas, ni bailes de pueblo, ni comparsas numerosas de negros ó indios; eran mudanzas y evoluciones hechas por los mismos actores de la pieza durante toda ó gran parte de ella, expresando muchas veces e fondo ó argumento del baile (si consistía en solicitaciones amorosas, desdén, celos y otros afectos), por medio de paseos, vueltas, cruces, cadenas, arcos, cambios de parejas y otros giros y caprichos mímicos, que con nombres extraños figuran en las acotaciones de estos nuevos bailes[391].

Dessa forma, o autor cita bailes de Francisco de Quevedo, os quais apresentam gestos associados à letra cantada, criando novas formas com isso. No primeiro trecho abaixo, o caráter e as mudanças do baile descrevem o romance cantado; no segundo, são representados os movimentos dos atores nadando; no terceiro, há a proposta da reforma dos bailes, no qual eles são representados e personificados, que seria uma ironia às proibições da Igreja a eles:

389 COTARELO Y MORI, op. cit., pp. CLXXXVII - CLXXXVIII.
390 QUIÑONES. La Visita de la Carcel. In: *Joco seria Burlas...* ed. cit., pp. 34 r - 34 v.
391 COATARELO Y MORI, op. cit., p. CXCI.

Una rueda se hicieron/ quién duda que de navajas;/ los codos tiraron coces,/ azogáronse las plantas,/ trastornáronse los cuerpos,/ desgonzáronse las arcas,/ los pies se volvieron locos,/ endiabláronse las plantas [...] Tornáronse á dividir/ en diferentes escuadras,/ y denodadas de pies/ todas juntas se barajan[392].

Zabúllete, chiquilla,/que por chicha y delgada,/ pasarás por anchova/ para las ensaladas./ ¡Oh, cómo se chapuzan!/ ¡qué sueltos se abalanzan,/ y con el rostro y brazos/ las corrientes apartan!/ Ya nadan de bracete;/ ya sólo un brazo sacan;/ ya, como segadores,/ cortan la espuma blancal[393].

Hoy la trompeta del juicio de los bailes de este mundo al parlamento los llama, que en Madrid celebra el gusto./ La Trápala y la Chacota, la Harbora y el Remusgo la carcajada y el vicio quieren variar el rumbo./ Los padres del Regodeo, el bureo de los Guros, para remudar de bailes, convocan los reinos juntos[394].

Ao consultar essas obras[395], constata-se que em nehuma delas há menção dos momentos em que os atores bailam, assim como no *Cavallero de Olmedo* citado, estando em suas próprias letras cantadas o gestual das histórias contadas ou dos próprios bailes citados por elas. Com isso, observa-se o desenvolvimento quantitativo e qualitativo dos movimentos e passos dos bailes, através da diversificação temática que possibilita novas criações gestuais, assim como a inserção de diversos antigos e novos bailes, já constituídos, nessas peças.

Nesse sentido, outros autores continuam a desenvolver os bailes dramáticos pelos mesmos caminhos, havendo publicações notáveis para compreender a propagação desses bailes, tanto na primeira quanto na segunda metade do século XVII, como *Flor de Sainetes*[396] de Navarrete y Ribera, de 1640, *Ramillete Gracioso*[397], de 1643, e *Tardes Apacibles*[398],

---

392 Francisco de Quevedo. Baile de las Armas. Apud: COTARELO Y MORI, op. cit., p. CLXXXIX.

393 Cotarelo não cita o título desse baile de Quevedo. Apud: Ibidem.

394 Francisco de Quevedo. Baile V- Terpsichore - Cortes de los Bailes. In: *Obras de Don Francisco de Quevedo Villegas.* Amberes: por la viuda de Henrico Verdussen, 1726, t.III. Disponível em: http://books.google.com. Acesso em: 20/03/2009.

395 Idem. *Poesias Burlescas: Jácaras y Bailes.* Edición, glosario y notas de Ignacio Arellano. T.II.

396 Francisco de Navarrete y Ribera *Flor de Sainetes.*

397 Sylvestre Esparsa. *Ramillete Gracioso...*

398 Andrés García de la Iglesia. *Tardes Apacibles...*

de 1663, sendo que as duas últimas reúnem peças de gênero breve de vários autores. Seguem abaixo trechos de alguns bailes dessas publicações:

> *Vanse acercando bailando, y dancen dos vueltas unos por un lado y otros por outro, y cantan las mujeres* [...] De jeringas y alfileres,/ de cascabeles y flautas./ Con esto sacamos oro,/ ya que no por fuerza de armas,/ que es una guerilla sorda/ con que los bobos se engañan./ Hombres: Presto engañosos vereis/ el desengaño a la cara,/ por que aquí valen las obras/ y no aprovechan las trazas [399].
>
> *Salen quatro mujeres cantando y bailando* [...] *Vase cupido, y las mujeres cantan y bailan estas seguidillas*: Enamorada: Finezas de amores/ en dos amantes,/ no hay oro de tíbar/ de sus quilates [400] (grifos do autor).
>
> *Sale el Canario de Vegete dando.* Veg.: Alcalde, amigo rufayfa./ Musi.: Si su padre lo sabe, matarte ha [...] *Tocan la gallarda, y sale Luciana Mexia.* [...] *Sale la Pavana* [...] Dama: El Cavallero. *Sale el Cavallero con un vestido antiguo ridiculo.* Carr: Ya yo estoy en la destacada. Music.: Esta noche le mataron/ al Cavallero. *Comiença à dançar* [...] *Tocan las paradetas y dançan* [...] El zarambeque que salta,/ pica, y brinca mas que todos/ los sones de la guitarra[401] (grifos do autor).

No *Baile de las Armas*, primeiro trecho citado, há uma breve descrição coreográfica que já mostra a ampla movimentação no palco entre os bailarinos; segundo Cotarelo, os bailarinos representam os barcos, enquanto as *castañetas* simulam as balas, criando diferentes possibilidades de gestos na coreografia[402]. Já no outro baile de Navarrete y Ribera, na sequência, não há descrições de gestos ou coreografias, mas se bailam duas letras de *seguidillas*, gesticulando-se a partir delas. No último, verifica-se a permanência da inserção dos bailes e danças já existentes, com um repertório variado em que se incluem tanto práticas colocadas como aristocráticas anteriormente, como as de plebeus.

Finalmente, dando-se sequência aos gêneros breves, que se apropriam, com frequência, de bailes e danças, há as *mogigangas* para finalizar

---

399 Baile de las Armas. Francisco de Navarrete y Ribera In: *Flor de Sainetes*. Introduzione, testo critico e nota di A. Gallo. Firenze: Alinea Editrice, 2001; p,152. Disponível em: http://books.google.es. Acesso em: 13/07/2010.

400 Baile de Cupido Labrador. In: Ibidem, pp. 162-163 e 165.

401 Loc. cit.

402 COTARELO Y MORI, op. cit., p. CXCI.

as comédias, um gênero dramático que tem antecedência nas festas de rua, principalmente nos carnavais, e que, por já trazer bailes e danças, ressalta o aumento das práticas nos teatros.

A voz *mogiganga* não parece ser anterior à terceira ou à segunda década do século XVII, sendo que nenhuma referência lexicográfica da época teria registrado tal palavra, aparecendo somente um século depois no *Diccionario de Autoridades*, mencionando-a como festa pública em que homens vestiam-se em trajes ridículos e com máscaras, especialmente de animais[403].

Dessa forma, nos seguintes relatos citados por Cotarelo y Mori, há a ocorrência das *mogigangas* não como gênero dramático (já que não são representadas em ambientes teatrais), realizadas na corte durante as festas de carnaval, havendo bailes e danças:

> Para el domingo 22 (de Febrero de 1637) se había reservado la fiesta de mojiganga que había ordenado y prevenido el Protonotario de Aragón, á uso de su tierra, la cual por ser la primera que se había visto en ésta, fué muy estimada y admirada, saliendo todos los oficiales de Estado á caballo com máscaras y trajes muy peregrinos... subiendo unos á un cadahalso que había enfrente de la ventana de S. M., donde bailaron á lo aragonés, castellano y morisco, que fué cosa muy de ver [...] Martes de Carnestolendas salió la mojiganga de la Villa, que en diversidad de trajes y de personas, emblemas y hieroglíficos...Traían todos sus máscaras, encubriendo con ellas su borrachera [...] Las demás danzas fueron á flamenco, y á lo vizcaíno, á lo catalán, á lo castellano y á lo gitano[404].

O seguinte romance de Quevedo, citado por Cotarelo, satiriza as festas e os saraus dos nobres, mencionando que foram trocados por *castañetas*, *seguidillas*, que são elementos do baile e, dentre outras coisas, também foram trocados pela *mogiganga*:

> Las fiestas y los saraos/ nos los trueca en/ mojigangas/ y lo que entonces fué culpa/ hoy nos la vende por gracia [...] ¿qué hace/ para darles una carda?/ Suéltales las seguidillas,/ y á Ejecutor de la vara/ y á la Capona, que en llaves/ hecha castradores anda./ De la trena á Escarramán/

403 COTARELO, op. cit., p. CCXCI.

404 Rod. Villa: *La corte y monarquia de España en Madrid en los años de 1636-1637,*: véase página 105: Nuevas de Madrid desde 20 hasta fin de Febrero de 1637. Apud: COTARELO, op. cit., p. CCXCII.

soltó, sin llegar la Pascua,/ y al Rastro, donde la carne/ se hace bailando rajas[405].

Quanto às *mogigangas* como gênero dramático, é relevante notar que só foram encontradas aqui as publicadas na segunda metade do século XVII, o que também endossa o aumento das práticas nos palcos ao longo do século. Em sua forma teatral, as *mogigangas* não se fixam em bailes e danças já existentes, como ocorre na *mogiganga* anterior (não dramática). Assim como os bailes dramáticos, elas apresentam elementos coreográficos para a dinâmica de palco entre os atores, como passar por arcos, dançando, e fazer mudanças de labirinto com *castañetas*, além de conter frases rítmicas de palavras sem sentido que precedem imediatamente uma menção à dança: "Dentro music. Urrua, urrua, urrua, urrua,/ que la moxiganga hurdiendo se và./ (...) Cantando el tamborilero, y tañendo, van passando por dos arcos dançando"[406].

Verifica-se também uma constância maior dos bailes do que das danças:

> Rey: El Rey deste juego soy,/que principio al bayle doy,/ y ya en tu presencia estoy,/ saltando de casa en casa,/ porque todas las pieças/ oy sirvan/ de assunto en el bayle desta/ mogiganga. *Repiten Baylando* [...] *Aqui se haran mudanças variadas de laberinto, y castañeta, em parando* [...] *Buelven à baylar, y en parando* [...] *Repiten la seguidilla todos baylando, y dan fin* [407] (grifos do autor).
>
> *Baylan, y repiten todos.* Gayf.: Si tan gran valor/ no ha de agradecer,/ Chico hoyo hagas,/ si mala has de ser:/ A la tumba, tumba, de Santo Tomé. Melis.: El bayle se acabe/ y un vitor le dèn. Gayf.: Que sea mogiganga. Melis.: O sea entremès. Los 2: A la tumba, tumba, de Santo Tomé. *Repiten baylando, y dan fin*[408] (grifos do autor).

Assim, o que se evidencia nesses gêneros breves são os processos que levam as práticas aos teatros. Primeiro, as *loas* e os *entremeses*, que

405 COTARELO, op. cit., p. CLXV.

406 Mogiganga del Mundi Nuevo para el Retiro. In: Vicente Suárez de Deza y Ávila. *Parte Primera de los Donayres de Tersicore.* Madrid: por Melchor Sánchez, 1663. Edición digital: Alicante, Biblioteca Virtual Miguel de Cervantes, 2009; Barcelona: Institut del Teatre, 2009; p. 26r.

407 Mogiganga del Juego de Axedrez, para Palacio. Ibidem, pp. 43-45.

408 Mogiganga de Don Gayferos. In: Ibidem, p. 127v.

já se constituem como gêneros dramáticos, inserem aquelas no decorrer do século XVII. Num processo diferencido, as *mogigangas*, já com suas práticas, tornam-se dramáticas. Já os bailes, que são práticas propriamente ditas, são absorvidos nesses gêneros ao mesmo tempo em que se constituem como um novo gênero dramático, que reformula as práticas para além da inserção das já existentes, desenvolvendo gestos e mímicas a partir das letras e coreografias próprias para os desenhos e efeitos de palco, o que, provavelmente, também acaba por influenciar outros gêneros, como as *mogigangas* e a *loa* antes citada, de1663, que já apresenta essas configurações de palco no movimento das placas.

Esses variados caminhos que levam à teatralização das práticas, portanto, revelam sua valorização naquela sociedade, lembrando que, no caso dos bailes, não foram reconhecidos pelas elites somente após sua dramatização, pois já eram vistos por elas desde o final do século XV, assim também como eram representados em festas religiosas, apesar de toda a repreensão que sofriam pela Igreja.

Considerações Finais

Resgatar os tipos de bailes e danças, que existiam na Espanha seiscentista, assim como suas classificações formuladas tanto pelas fontes quanto pelos autores que as estudaram, teve como principal objetivo trazê-los para o enfoque histórico, possibilitando analisar as relações socioculturais que articulavam ideias e valores e, com isso, construíam-se representações dessas práticas em seus discursos.

A escolha em começar pelos documentos eclesiásticos foi devida à grande influência da Igreja naquela sociedade, tanto por ser formadora e transmissora de ideias e pensamentos, quanto por suas tentativas e ações que buscavam controlar e reformar costumes, dentre eles, as práticas lúdicas.

Como visto nas fontes, suas proibições e recalques se pautavam em elementos da retórica seiscentista, construídos a partir da interpretação de autoridades clássicas e religiosas. Logo, utilizavam-se de todos esses recursos para atingir os diversos tipos de leitores ou ouvintes, ou seja, há momentos em que os discursos se dirigem a todos os cristãos, o que pressupõe toda aquela sociedade, e momentos em que somente os possuidores daquela retórica entenderiam o conteúdo expressado.

A compreensão de todas essas relações discursivas vindas dos eclesiásticos foi o ponto crucial para desconstruir as classificações das práticas associadas a valores morais e a ideais socialmente hierárquicos, tendo como argumento, no primeiro momento, as próprias contradições dessas divisões, e também relatos de práticas, que são associadas ao demônio em alguns textos, e aos plebeus em outros, sendo realizadas dentro da própria igreja ou em festas nobres.

Assim também foi dada atenção ao gênero feminino, com enfoque nas mulheres nobres e principais que deveriam servir de exemplo às outras e, por isso, sofriam um recalque maior, não sendo mencionadas nem mesmo nas práticas que os nobres poderiam realizar, sendo tal concessão dada somente aos homens.

Isso se deve aos arquétipos construídos sobre a mulher, que a associavam a figuras desprovidas de controle e interesseiras, como Salomé, e por isso poderiam usar de seus artifícios nos bailes para conquistar seus próprios interesses, colocando em risco o bem comum e, consequentemente, a própria república. No entanto, também há relatos de mulheres nobres participando de bailes depreciados pela Igreja.

Com isso, verifica-se que tais representações de danças e bailes também estão presentes em textos dramáticos e novelísticos. Assim, as comédias colocam a predominância das danças nos ambientes elitistas, enquanto as novelas permitem as práticas de bailes pelas elites junto a membros de outras ordens sociais, somente porque teriam sofrido ou causado situações de engano e burla, recebendo as devidas punições.

Logo, é como se os bailes não pertencessem às elites, sendo praticados por elas somente nas conjunturas citadas, como se fosse uma subversão praticá-los. Mas, no caso de algum membro da elite ser vítima da situação, principalmente mulheres, priva-se do baile se tiver um bom caráter, ou seus movimentos e gestos são sempre honestos e compostos quando baila.

Nessa parte do traballho, voltou-se à discussão conceitual, com a análise dos tratados de dança, manuais para as elites, para, novamente, provar que os bailes, ou tal conceito, estavam não só presentes no repertório do tratado espanhol, como não eram distinguidos socialmente ou moralmente das danças pelo autor, apesar de este evidenciar a dança e apoiar-e em preceitos morais religiosos e cortesãos para explanar sua arte.

Além disso, constatou-se que em outros tratados, não espanhóis, mas que circulavam na corte espanhola, não havia tais divisões e classificações, e apesar de um tratado denominar todas as práticas de danças, enquanto no outro todas serem bailes, há várias práticas comuns entre eles, descritas de formas semelhantes em suas estruturas e passos. Logo, por ambos serem voltados às elites, essas tanto bailavam quanto dançavam.

Também foi aduzido que não se trata de diferenças regionais tal distinção dos conceitos entre o tratado francês e o italiano, já que em outro tratado italiano há uma mesma prática com ambos os nomes. Portanto, tais tratados ajudaram a compreender que a distinção moral e social de tais conceitos era uma particularidade espanhola.

Por outro lado, as comédias e novelas abordadas apresentam outros aspectos das práticas que fogem dos discursos da Igreja, pois, nas que tratam de ambientes mais elitistas, uma das obras menciona a presença de bailes no repertório do suposto mestre de dançar, que ensina somente a essas pessoas.

Ainda, quanto às obras que mesclam ordens sociais, os bailes são representados de forma harmônica e honesta em um caso, e em outro caso, de forma alegre e festiva, que brinca até mesmo com as menções ao diabo, como uma sátira aos recalques da Igreja.

Tais representações dos bailes, além de mostrar um interesse do próprio autor sobre eles, já que são colocados em várias obras e de forma que não se restringe a repreendê-los, também revela o interesse das próprias elites sobre eles, vista a questão de seu maior acesso a essas leituras, assim como a comprovação desse interesse pelas pinturas tratadas.

Nesse sentido, diferentemente do que colocou a autora Moreno, quanto aos interesses das elites sobre os bailes, estes não foram reconhecidos por tais ordens sociais devido à sua teatralização no século XVII, através dos bailes dramáticos, pois já eram assistidos por nobres desde o final do século XV.

Assim, destacou-se também que os bailes, apesar de todas as mencionadas proibições da Igreja, eram representados ao longo do século XVI e XVII, em festas religiosas, não em enredos de burlas e enganos, como nas novelas do segundo capítulo, mas como ornamentos que concediam graça e alegria a passagens de cenas bíblicas.

Por um lado, bailes e danças foram apenas colocados no palco, mantendo suas características, passos e estruturas, sendo assim realizados nas pequenas peças que intermediavam a comédia. Por outro, houve uma intensificação de sua participação nos gêneros breves, ou seja, uma peça inteira podia ser representada através da sincronia entre canto (ou fala), música e baile (ou dança), caso de algumas peças do gênero "baile dramático", que se diferenciavam dos bailes antes tratados.

Com tal desenvolvimento, as coreografias se tornaram mais complexas, promovendo diferentes formas de interação entre gestos, música e fala, logo, indo além da mera inserção de antigos bailes e danças nas peças. Por fim, algumas dessas mudanças, como os desenvolvimentos coreográficos, também reverberaram em outros gêneros, vista a *mogiganga* dramática e a *loa* da segunda metade do século XVII.

Conclui-se, assim, que os bailes, ou esse conceito, estavam difundidos pelas diversas ordens sociais, mais do que as danças, sendo os mais requisitados por elas. Pois, primeiro, todo o recalque da Igreja posto neles seria uma forma de ter um controle maior sobre as práticas, na medida em que, ao repreendê-los, atingiria os diversos setores e ambientes sociais que os praticavam, incluindo a própria Igreja.

Ainda, o que mais provou tal requisição aos bailes por aquela sociedade foi sua maior frequência nas peças teatrais do que as danças, e principalmente, a escolha de seu nome para um gênero dramático, o qual, além de ter amplificado as partes bailadas ou dançadas, através de mímicas, mudanças e gestos, realizados a partir da própria letra, foi representado em currais, onde se abrigavam as distintas ordens sociais para assistir aos espetáculos, em palácios, jardins e ambientes privados.

Finalmente, seu sucesso se ampliou, alcançando a segunda metade do século XVII, manifestando bailes dramáticos com coreografias complexas, e ao mesmo tempo, mantendo a inserção dos variados tipos já existentes, o que foi registrado pelos numerosos impressos de suas representações durante todo esse século.

Glossário

Alemana: apresenta compasso binário, caracterizando-se por sua solenidade, com passeios e paradas, pequenos saltos, e em suas evoluções (voltas e figuras), os pares permanecem com suas mãos unidas.

Alta y Baja: ambas apresentam estrutura e passos semelhantes, começando-se pela reverência do casal, seguida de continência, sequências de passos simples e duplos, e termina-se com a reverência. A diferença entre elas é que enquanto nas "danças baixas" os movimentos devem ser mais lentos e solenes, nas "danças altas" permitem-se passos mais ligeiros com movimentos de pés no ar.

Canario: de compasso binário, apresenta reverências, passeios, continências, pequenos saltos, mas suas principais características são as *puntadas* ou sapateados, com ligeiros e fortes movimentos dos pés.

Capona: movimentos ligeiros, característicos de pícaros, eram realizados por quatro pessoas em dois pares, as quais tocavam castanholas.

Chacona: de compasso ternário, era realizada com castanholas, com movimentos improvisados, descritos como descompostos e lascivos.

Escarramán: seu nome remete a um ladrão real condenado às galeras, assim, o baile ou dança o homenageia com saltos e movimentos ligeiros característicos de pícaros.

Españoleta: os pares fazem reverência, passeios, aproximações e retiradas, porém, separadamente, depois fazem juntos esses mesmos passos, terminando com reverência.

Furioso: os três pares começam nos extremos do salão, encontrando-se no meio para fazer a reverência, seguida de continências e passeios seguidos.

Gallarda: de compasso ternário, era realizada por pares que se separavam e se uniam durante a dança ou baile para poderem fazer mudanças cada um a seu tempo e depois as fazerem juntos, e, apesar das variadas gallardas, sua estrutura geral consiste em reverência, continências, passeios, e seus característicos "cinco passos".

Hacha: começa com um homem, portando uma tocha acesa, que, ao tirar duas mulheres para dançar e bailar, entrega a tocha a uma delas e traz a outra para seu lugar, enquanto a mulher que fica com a tocha faz o mesmo processo com outros dois homens.

Morisca: de compasso binário, seus movimentos principais são as batidas fortes de pés e as marcações com os calcanhares.

Pasacalle: de compasso ternário, seu nome remete a passeio, sendo caracterizado por movimentos sérios e simples.

Pavana: de compasso binário, com movimentos deslizados, lentos e solenes, era de caráter cerimonial, por vezes, realizada em igrejas, acompanhando a entrada da noiva ou procissões, com movimentos caracterizados por extrema solenidade, em que os homens vestiam mantos e as mulheres ricos vestidos com joias.

Torneo: apresenta em sua estrutura a reverência, continência, passos simples, duplos, "puntadas" e voltas.

Villano: remete a movimentos de aldeões, como os "boleos", em que são dados puntapés, e as giradas, havendo ainda, uma reverência diferente, feita com os pés juntos como se fosse, saltar.

Zarabanda: de compasso ternário, era bailada ou dançada com castanholas, seus gestos eram mais expressivos nos braços, tronco e cabeça, havendo movimentos requebrados e distorcidos do tronco.

Referências

Fontes

BOCANEGRA, Pedro Atanásio. *El Triunfo de David.* Século XVII; óleo sobre tela; 56cm x 81cm. Museu do Prado. Disponível em: <http://www.oronoz.com/paginas/>. Acesso em: 15/09/2010.

BRUEGHEL, Jan, o velho. *Baile Campestre ante los Archiduques.* 1623. Óleo sobre tela, 130cm x 266cm. Museu do Prado. Disponível em: <http://www.museodelprado.es/coleccion/>. Acesso em: 05/10/2010.

CALDERÓN DE LA BARCA, Pedro. Comedias. In: *Obras Completas.* 2ª ed. Madrid: Aguilar, S.A., 1991.

_______. *El Divino Orfeo.* Ed. J. Enrique Duarte. Pamplona–Kassel: Universidad de Navarra-Reichenberger, 1999. Disponível em: http://dspace.unav.es. Acesso em: 13/07/2011.

_______. El Maestro de Danzar. In: *Tercera Parte de Comedias del Celebre Poeta Español Don Pedro Calderon de la Barca.* Ed. facsímil. Clásicos en la Biblioteca Nacional. Original: Madrid, por Francisco Sanz, 1687. Disponível em: <http://www.cervantesvirtual.com/>. Acesso em: 09/04/2010.

CARO, Rodrigo. *Dias Geniales o Ludicros.* Edición, estúdio preliminar y notas de Jean-Pierre Etienvre. Madrid: Espasa-Calpe, 1978.

CASA, Giovanni della. *Galateo ou dos Costumes.* Trad. Edileine Vieira Machado e Alcir Pécora. São Paulo: Martins Fontes, 1999. Original italiano.

CASTIGLIONE, Baldassare. *El Cortesano.* Traduzido por Ivan Boscan. Madrid, 1574. Original italiano. Disponível em: http://books.google.com/. Acesso em: 03/11/2010.

CERVANTES SAAVEDRA, Miguel de. Entremés del Rufián Viudo Llamado Trampagos. In: *Ocho Comedias, y Ocho Entremeses Nueuos, Nunca Representados.* Madrid: por la viuda de Alonso Martín, a costa de Iuan de Villarroel, 1615, f. 224v.-f. 230r. Edición digital Alicante: Biblioteca Virtual Miguel de Cervantes, 2001. Disponível em: http://bib.cervantesvirtual.com. Acesso em: 19/07/2011.

______. *O Engenhoso Cavaleiro D. Quixote de La Mancha.* Tradução de Sérgio Molina; gravuras de Gustave Doré; apresentação de Maria Augusta da Costa Vieira. Edição bilíngue. São Paulo: Editora 34 Ltda, 2007.

______. ______. Leipizig: F.A. Brockhaus, 1866. Disponível em: <http://books.google.com.br>, acesso em 10/06/2011.

______. *Novelas Ejemplares.* Edição de Harry Sieber. 12. ed. Madrid: Edições Cátedra S.A, 1989, v.1. Fiel à edição de Madrid por Ivan de la Cuesta.

CORTE TRANSVERSAL DE UM CORRAL DE COMEDIAS. Tablado y aposentos y desvanes laterales: Altura: 312 pixels. Largura: 510 pixels. Tamanho: 36, 9 Kb. Formato: JPG. Disponível em: http://parnaseo.uv.es. Acesso em: 23/09/2011.

COVARRUBIAS OROZCO, Sebastián de. *Tesoro de la Lengua Castellana, o Española.* Madrid: por Luis Sanchez, 1611. Disponível em: <http://bibliotecadigitalhispanica.bne.es>. Acesso em 23/03/2009.

ENCINA, Juan del. Juan de Encina. *Cancionero.* Edición facsímil de Madrid, Real Academia Española, 1989. Edición original: 1496. Edición digital: Alicante: Biblioteca Virtual Miguel de Cervantes, 2002. Disponível em: http://bib.cervantesvirtual.com. Acesso em 13/07/2011.

______. Égloga de Cristino y Febea. N. sobre edición original: Edición digital a partir de Égloga nueuamente trobada por Juan del Enzina a donde se introduze vn pastor ... (Salva, nº 1228; posterior a 1509). Edición digital: Alicante: Biblioteca Virtual Miguel de Cervantes, 2002.

ENCINA, Juan del. Juan de Encina. *Triundo de Amor: égloga de Plácida y Vitoriano.* Edición de Luisa de Aliprandini. Madrid: Akal, 1995. Disponível em: http://books.google.com.br/books. Acesso em 23/11/2011.

ESPARSA, Sylvestre (ed.). *Ramillete Gracioso: compuesto de entremeses famosos y bailes entremesados.* Valencia: Silvestre Esparsa, 1643. Disponível em: http://www.cervantesvirtual.com. Acesso em: 13/07/2009.

ESQUIVEL NAVARRO, Juan de. Discursos sobre el Arte del Danzado. Sevilla, 1642. In: BROOKS, Lynn Matluck. *The Art of Dancing in Seventeenth-Century Spain.* Danvers: Rosemont Publishing & Printing Corp, 2003. Disponível em: http://books.google.com.br/books. Acesso em: 15/10/2010.

FERNÁNDEZ, Lucas. *Farsas y Églogas al Modo y Estilo Pastoril y Castellano.* Edición de Salamanca, Lorenzo de Liom Dedei, 1514. Edición digital: Alicante: Biblioteca Virtual Miguel de Cervantes, 1999. Disponível em: http://bib.cervantesvirtual.com. Acesso em 13/07/2011.

FERNANDEZ, Clemente (org.). *Los Filósofos Escolásticos de los Sigols XVI y XVII.* Madrid: La editoria Catolica, S.A., 1986.

FERNÁNDEZ DE MORATÍN, Leandro. *Orígenes del Teatro Español*: seguidos de una colección escogida de piezas dramáticas anteriores a Lope de Vega. Madrid: Real Academia de la Historia, 1830-1831. Disponível em: <http://bib.cervantesvirtual.com>. Acesso em: 21/11/2011.

GARCÍA DE LA IGLESIA, Andrés (ed.). *Tardes Apacibles de Gustoso Entretenimento*: repartidas en varios entremeses, y bailes entremesados. Madrid: por Andrés García de la Iglesia: a costa de Iuan Martin Merinero, 1663. Edición digital: Alicante, Biblioteca Virtual Miguel de Cevantes, 2011. Disponível em: http://www.cervantesvirtual.com. Acesso em: 15/05/2011.

GRACIÁN, Baltasar. *Oráculo Manual y Arte de Prudencia.* Huesca, 1647.

GUZMÁN, Pedro de. *Los Bienes de el Honesto Trabajo y Daños de la Ociosidad en Ocho Discursos.* Madrid: Emprenta Real, 1614, 462 p. (Colección Clásicos Tavera: Juegos fiestas y diversiones – textos históricos). CD ROM.

LIZAERT III, Peeter. *Las Vírgenes Locas y las Vírgenes Prudentes.* Entre finais do XVI e início do XVII; óleo sobre tela, 73 cm x 105 cm. Museu do Prado. Disponível em: http:<//www.museodelprado.es/>. Acesso em: 23/09/2010.

MÉDICIS, Cosme de. *Viaje por España y Portugal (1666-1668).* Edición y notas por Angel Sanchez Rivero y Angela Murietti de Sanchez Rivero. Madrid: Sucesores de Rivadeneyra, S.A. 1 v. 260 p.

MENDONZA, Antônio de. *Fiesta que se Hizo en Aranivez a los Años Del Rey Nuestro Señor D. Felipe IIII.* Madrid: por Luan de la Cuesta, 1623. (Colección Clásicos Tavera: Juegos fiestas y diversiones – textos históricos). CD ROM

NAVARRETE Y RIBERA, Francisco de. *Flor de Sainetes.* Introduzione, testo critico e nota di A. Gallo. Firenze: Alinea Editrice, 2001. Disponível em: http://books.google.es. Acesso em: 13/07/2010.

PIACENZA, Domenico da. De Arte Saltandi e Choreas Ducendi, Dela Arte di Ballare et Danzare. Transcrição e tradução para o ingles por A. William Smith. In: *Fifteenth-century Dance and Music*: treatises and music. Hillsdale: copyrigh Pendragon Press, 1995. Disponível em: http://books.google.com.br. Acesso em: 03/07/2011.

QUEVEDO, Francisco de. Entremés de la Ropavejera 1633. In: *El Parnaso Español*: las nueve musas Castellanas. Barcelona: Lebrería de Lance de Ramón Pujal, 1869.

_______. *Obras de Don Francisco de Quevedo Villegas.* Amberes: por la viuda de Henrico Verdussen, 1726. Disponível em: http://books.google.com. Acesso em: 20/03/2009.

QUIÑONES DE BENAVENTE, Luis. *Entremes Famoso y Nuevo de los Sacristanes.* N. sobre edición original: Abraham (ed.), Nuevos entremeses. Kassel: Reichenberger, 1996. Edición digital: Alicante: Biblioteca Virtual Miguel de Cervantes, 2002. Disponível em: <http://bib.cervantesvirtual.com>. Acesso em: 12/07/2011.

REMÓN, Alonso. *Entretenimiento y Juegos Honestos, y Recreaciones Christianas*: para que en todo genero de estados se recreen los sentidos sin que se estrague el alma. Madrid: por la viuda de Alonso Martin, 1623, 232 p. (Colección Clásicos Tavera: Juegos fiestas y diversiones – textos históricos). CD ROM.

ROJAS VILLANDRANDO, Augustín de. *El Viaje Entretenido*. Edición digital basada en la de Madrid, Emprenta [sic] Real, 1603. Disponível em: <http://www.cervantesvirtual.com/obra/el-viaje--entretenido>. Acesso em: 12/07/2011.

RUBENS, Pedro Pablo. *Danza de Personajes Mitológicos y Aldeanos*. 1630-1635. Óleo sobre tela, 73 cm x 106 cm. Museu do Prado. Disponível em: <http://www.museodelprado.es/coleccion/>. Acesso em: 05/10/2010.

SERMONETA, M. Fabricio Caroso da. *Il Ballarino*. Venetia, Appresso Francesco Ziletti, 1581. Disponível em: <http://memory.loc.gov/>. Acesso em: 13/10/2010.

SUÁREZ DE DEZA Y ÁVILA, Vicente. *Parte primera de los Donayres de Tersicore*. Madrid: por Melchor Sánchez, 1663. Edición digital: Alicante, Biblioteca Virtual Miguel de Cervantes, 2009; Barcelona: Institut del Teatre, 2009.

THOINOT, Arbeau. *Orchesographie*. Published in Langres in 1588 and republished again in 1589. Imprimé par Iehan des Preyz. Disponível em: <http//memory.loc.gov/>. Acesso em 13/10/2010.

TIZIANO, Vecellio di Gregorio. *Salomé con la Cabeza del Bautista*. 1550. Religião; óleo sobre tela, 87 cm x 80 cm. Museu do Prado. Disponível em: <http://www.museodelprado.es/coleccion/>. Acesso em: 21/09/2010.

VARGAS, Don Manuel Antonio de (ed.). *Joco seria Burlas Veras, o Reprehension Moral, y Festiva de los Desordenes Publicos*: en doze entremeses representados, y veinte y quatro cantados. Van insertas seis loas, y seis jacaras. Compuestos por Luis Quiñones de Benavente. Recopilados por Don Manuel Antonio de Vargas. Madrid: por Francisco Garcia, a costa de Manuel Lopez, mercader de libros, 1645.

VEGA, Lope de. El Maestro de Danzar. In: *Comedias Escogidas de Frey Lope Félix de Vega Carpio*. T. II. Madrid: M. Rivadeneyra, 1855, pp. 71-93. Disponível em <http://books.google.com.br/books>. Acesso em: 03/05/2010.

_______. **De los Cantares.** Edición digital a partir de Piezas maestras del teatro teológico español. T.I: Autos Sacramentales, 4ª ed. Madrid:

Biblioteca de Autores Cristianos, 1997, pp. 114-133. Edición digital Alicante: Biblioteca Virtual Miguel de Cervantes, 1999. Disponível em: http://www.cervantesvirtual.com. Acesso em: 19/05/2011.

VEGA, Lope de. El Maestro de Danzar. *El Arte Nuevo de Hacer Comedia en este Tiempo.* Disponível em: <http://www.edu.mec.gub.uy/>. Acesso em 14/07/2010.

______. *El Fenix de España Lope de Vega Carpio*: septima parte de sus comedias, con loas, entremeses y bayles. Madrid: por la viuda de Alonso Martin, a costa de Miguel de Siles, 1617. Disponível em: http://bdh.bne.es. Acesso em: 05/07/2009.

VEIGA, Thomé Pinheiro da (Turpin). *Fastigimia.* (1605). Reproducion em fac-símile da edição de 1911 da Biblioteca Municipal do Porto.

Bibliografia

ACTAS DEL VII CURSO DE CULTURA MEDIEVAL. Aguilar de Campo (Palencia), setembro de 1995. *Fiesta, Juego y Espectáculo en la España Medieval.* Madrid: Polifemo.

ALCÁNTARA MEJÍA, José Ramón. *La escondida senda*: poetica y hermenéutica en la obra castellana de Fray Luis de León. Ciudad de México: Universidad Iberoamericana, 2003. <http://books.google.com>. Acesso em: 21/08/2009.

AMBROSE, Saint. *De Officiis.* Edited with an introduction, translation, and commentary by Ivor J. Davidson, vol. I. Oxford: Oxford University press, 2001.

ANDRÉS-GALLEGO, José. *La Iglesia en España.* Madrid: Fundación Histórica Tavera, 1999. CD-ROM.

AQUINO, São Tomás de. *Suma Teológica.* Trad. Alexandre Corrêa. Organização e Direção de Rovílio Costa e Luís Alberto de Boni, 2.ed. Porto Alegre: Escola Superior de Teologia São Lourenço de Brindes, 1980.

ARISTÓTELES. *Ética a Nicómaco.* Francisco Etchelecu, 1946. Edição digital Tecnibook Ediciones, 2011. Disponível em: http://books.google.es/books?id=G5vIhnlKbiwC&dq=tecnibook+/alsina+ediciones%2BArist%C3%B3teles&hl=es&source=gbs_navlinks_s. Acesso em: 10/10/2011.

________. *Aristóteles* - Poética. Trad. Baby Abrão. São Paulo: Nova Cultural, 1999. (Os Pensadores, 4)

________. *Retórica.* Introducción, traducción y notas de Alberto Bernabé. Madrid: Allianza Editorial, S.A., 1998.

BÍBLIA. Português. Bíblia Sagrada. Trad. Padre Antônio Pereira de Figueiredo. São Paulo: Editora Rideel, 1997. Original: Vulgata Latina.

BLOCH, Marc. *Apologia da História ou o Ofício de Historiador.* Rio de Janeiro: Jorge Zahar Editor, 2001. Trad. André Telles, autorizada da edição francesa publicada em 1997, por Armand Colin, de Paris.

BRION, Marcel. *L' Age d'or de la Peinture Hollandaise.* Paris-Bruxellas: Éditions Meddens s.a., 1964.

BUESCU, Ana Isabel. *Imagens do Príncipe:* discurso normativo e representação (1525-49). Lisboa: Edições Cosmos, 1996.

BURCKARDT, Jacob. *Rubens.* Tradución de Walter B.L. Bose. Buenos Aires: Emecé Editores, S.A., 1950.

BURKE, Peter. *Cultura Popular na Idade Moderna.* Trad. Denise Bottmann. São Paulo: Companhia das Letras, 1989. Original inglês.

CANDIDO, Antonio. *Literatura e Sociedade.* 8. ed. São Paulo: T.A. Queiroz, Editor, LTDA, 2000.

CARO BAROJA, J. Arquetipos y Modelos en Relación con la Historia de la Brujeria. In: *Brujologia Congresso de San Sebastian.* Madrid, s.d., pp. 179-205.

CARRERAS Y CANDI, Francisco. *Folklore y Costumbres de España.* Barcelona: A. Martín, 1931-33.

CAVALLO, Guglielmo; CHARTIER, Roger (org.). *História da Leitura no Mundo Ocidental.* Traduzido por Guacira Marcondes Machado, do original Histoire de la Lecture dans Le Monde Occidental. São Paulo: Editora Ática, 1999.

_______. _______. Edições Cátedra S.A, 1990, v.2. Fiel à edição de Madrid por Ivan de la Cuesta.

CHARTIER, Roger. *A História Cultural:* entre práticas e representações. Trad. Maria Manuela Galhardo. 2.ed. Lisboa: DIFEL, 2002.

CHEVALIER, Maxime. *Cuentos Españoles de los Siglos XVI y XVII.* Estudio preliminar, edición y notas de Maxime Chevalier. Madrid: Taurus,1982.

CICERO, M. Tulio. *De Officiis.* Edição de Walter Miller. Massachussetts: Harvard University, 1990. (Loeb Classical Library, 21). Disponível em: http://www.perseus.tufts.edu/hopper/text. Acesso em: 29/10/2010.

COTARELO Y MORI, Emílio. *Colección de Entremeses:* loas, bailes, jácaras y mogigangas desde fines del siglo XVI á medeados del XVIII. Madrid: Casa Editorial Bailly// Bailliére, 1911, t. I, vol. 1.

CRIADO DE VAL, Manuel. *De la Edad Media al Siglo de Oro.* Madrid: Publicaciones Españolas, 1965.

CRISPO, Sallustio. *Guerra Catilinaria.* Tradução de José Vitorino Barreto Feio. Paris: Livraria Nacional e Estrangeira, 1825.

DELUMEAU, Jean. *La Peur en Occidente (XIVe-XVIIIe seiècles).* Paris: Librairie Arthème Fayard, 1978.

DICCIONARIO DE LA LENGUA ESPAÑOLA. Real Academia Española. 22. ed. Madrid: Espasa-Calpe, 2001. Disponível em: http://buscon.rae.es. Acesso em 02/08/2011.

DOMENECH, Lourdes; ROMEO, Ana. *El Corral de Comedias.* Disponível em: http://www.materialesdelengua.org. Acesso em: 09/09/2011.

DOMÍNGUEZ ORTIZ, Antonio. *El Antiguo Régimen:* los Reyes Católicos y los Austrias. Madrid: Alianza Editorial, 2006. (Historia de España, 3)

ELLIOTT, John Huxtable. *España y su Mundo.* Traducción de Angel Rivero Rodríguez y Xavier Gil Pujol. Madrid: Alianza Editorial, 1991.

________. *Lengua y Imperio en la España de Felipe IV.* Salamanca: Ediciones Universidad de Salamanca, 1997.

ELIAS, Norbert. *A Sociedade de Corte.* Trad. Pedro Süssekind. Rio de Janeiro: Jorge Zahar, 2001.

________. *O Processo Civilizador.* Trad. Ruy Jungman. Rio de Janeiro: Jorge Zahar, 1993.

GARCÍA VILLOSLADA, Ricardo. *Historia de la Iglesia en España.* Madrid: Biblioteca de Autores Cristianos, 1982.

HANSEN, João Adolfo. O Discreto. In: *Libertinos Libertários.* São Paulo: Companhia das Letras, 1996.

________. Práticas Letradas Seiscentistas. In: *Discurso.* Revista do Departamento de Filosofia da USP, n.25, 1995; publicação anual.

HANSEN, João Adolfo. Razão de Estado. In: Adauto Novaes(org.). *A Crise da Razão.* São Paulo: Companhia das Letras, 1996.

HAUSER, Arnold. *História Social da Arte e da Literatura.* Tradução de Álvaro Cabral. São Paulo: Martins Fontes, 2000.

LE GOFF, Jacques. Cultura Clerical e Tradições Folclóricas na Civilização Merovíngia. In: *Para Um Novo Conceito de Idade Média.* Lisboa, 1979.

LOPEZ PINCIANO, Alonso. Philosophia Antigua Poética. In: *Obras Completas I.* Madrid: Fundación Jose Antonio Castro, 1998.

MARGULIS, Mario. Población y sociedade en la España Imperial. *Estudios Demográficos y urbanos.* Buenos Aires, v. 7, n.1, ene/ abr. 1992. Disponível em: <http://aleph.academica.mx/jspui/bitstream/56789/21459/1/07-019-1992-0223.pdf>. Acesso em: 10/02/2012

MARIANA, Juan de. *Historia General de España.* Barcelona: Imprenta de D. Francisco Oliva, 1839. T. IX. Disponível em: <http://books.google.com.br/books>. Acesso em: 04/08/2011.

MENESES, Ulpiano T. Bezerra de. História e Cultura Material. In: *Anais do Museu Paulista.* São Paulo: Universiadde de São Paulo, nova série, nº 1, 1993.

_______. Ofício do Historiador. Fontes visuais, cultura visual, História visual. Balanço provisório, propostas cautelares. In: *Revista Brasileira de História.* São Paulo: ANPHU, Humanitas, FFLCH/USP, v. 23, nº 45, p. 11-36, 2003.

MORENO MUÑOZ, Maria José. *Danza Teatral en el Siglo XVII.* Córdoba, 2008. Tese de Doutorado - Departamento de Literatura Espanhola, Universidade de Córdoba. Disponível em: www.uco.es/publicaciones. Acesso em: 20/10/2010.

ORSO, Steven N. *Velázquez, Los Borrachos, and Painting at the Court of Philip IV.* New York: Cambridge University Press, 1933.

PACHECO, Francisco. *Arte de la Pintura, su antiguedad y grandezas.* Sevilla, Simon Faxardo, 1649. Disponível em: <http://bibliotecadigitalhispanica.bne.es>. Acesso em: 03/07/2011.

PÉCORA, Alcir. *Sermões*: Padre Antônio Vieira. São Paulo: Hedra, 2001, t.II.

RODRÍGUEZ, Ramón. *Hipótesis de Corte Tranversal del Tablado de un Corral de Comedias.* Altura: 451 pixels. Largura: 412 pixels. Tamanho: 35,5 kb. Formato: JPG. Disponível em: http://parnaseo.uv.es. Acesso em: 23/09/2011.

RODRÍGUEZ DE LA FLOR, Fernando. *Política y Fiesta en el Barroco.* Salamanca: Ediciones Universidad de Salamanca, 1994.

SACHS, Curt. *História Universal de la Danza.* Buenos Aires: Ediciónes Centurión, 1944.

SCHMITT, Jean-Claude. A Moral dos Gestos. In: *Políticas do Corpo.* Traduzido do francês por Mariluce Moura. São Paulo: Editora Estação Liberdade Ltda, 2005.

VAREY, J.E.; SHERGOLD, N.D. *Teatros y Comedias en Madrid*: 1651-1665. Estudio y Documentos. London: Tamesis Books Limited, 1973. Disponível em: <http://books.google.com.br/books>. Acesso em: 04/08/2011.

Edição e supervisão: *Sergio Rizek*
Revisão e preparação: *João Gabriel Borges*
Projeto gráfico e diagramação: *Maria do Carmo Oliveira*
Imagem da capa: RUBENS, Pedro Pablo. *Danza de personajes mitológicos y aldeanos* (1630-1635). Óleo sobre tela, 73 cm x 106 cm. Museu do Prado

apoio:

CAPES
Programa de Excelência Acadêmica
PROEX

USP
Programa de Pós-Graduação
História Social

Ficha catalográfica

ISBN: 978-85-68146-02-6

EDIÇÕES LUDENS / ATTAR EDITORIAL
rua Madre Mazarello 336 - 05454-040 - Vila Ida, São Paulo - SP
fone/fax: +11 3021 2199
attat@attar.com.br – www.attar.com.br
www.usp.br/ludens/

Este livro foi composto em Stempel Garamond e impresso pela Orgrafic Grafica e Editora, em papel Lux cream 90gr., para a Edições Ludens / Attar Editorial, em março de 2015.